女性單親家庭就業培力與服務輸送機制之研究-以台北市為例

黃秀香　著

封面設計：實踐大學教務處出版組

出版心語

　　近年來，全球數位出版蓄勢待發，美國從事數位出版的業者超過百家，亞洲數位出版的新勢力也正在起飛，諸如日本、中國大陸都方興未艾，而台灣卻被視為數位出版的處女地，有極大的開發拓展空間。植基於此，本組自民國 93 年 9 月起，即醞釀規劃以數位出版模式，協助本校專任教師致力於學術出版，以激勵本校研究風氣，提昇教學品質及學術水準。

　　在規劃初期，調查得知秀威資訊科技股份有限公司是採行數位印刷模式並做數位少量隨需出版〔POD＝Print on Demand〕（含編印銷售發行）的科技公司，亦為中華民國政府出版品正式授權的 POD 數位處理中心，尤其該公司可提供「免費學術出版」形式，相當符合本組推展數位出版的立意。隨即與秀威公司密集接洽，出版部李協理坤城數度親至本組開會討論，雙方就數位出版服務要點、數位出版申請作業流程、出版發行合約書以及出版合作備忘錄等相關事宜逐一審慎研擬，歷時 9 個月，至民國 94 年 6 月始告順利簽核公布。

這段期間，承蒙本校謝前校長孟雄、謝副校長宗興、王教務長又鵬、藍教授秀瑋以及秀威公司宋總經理政坤等多位長官給予本組全力的支持與指導，本校多位教師亦不時從旁鼓勵與祝福，在此一併致上最誠摯的謝意。本校新任校長張博士光正甫上任（民國 94 年 8 月），獲知本組推出全國大專院校首創的數位出版服務，深表肯定與期許。諸般溫馨滿溢，將是挹注本組持續推展數位出版的最大動力。

本出版團隊由葉立誠組長、王雯珊老師、賴怡勳老師三人為組合，以極其有限的人力，充分發揮高效能的團隊精神，合作無間，各司統籌策劃、協商研擬、視覺設計等職掌，在精益求精的前提下，至望弘揚本校實踐大學的校譽，具體落實出版機能。

實踐大學教務處出版組　謹識

中華民國 95 年 9 月

致謝詞

　　黎巴嫩詩人——紀伯倫說：「珍珠的光芒來自於痛苦的折磨」。我總是五分鐘的情緒，爾後又面對現實的問題作覺照、反省，且常抱著樂觀審慎地思維：「我到底要的是什麼？」篤定方向後就向前衝，不管崎嶇的世路是人造或心造，只要累積足夠資糧必定隨心滿願，人生不是這樣嗎？

　　初到東海大學報到時，曾華源教授問我：「你抱著何種心態來學習？」我不假思索地回答：「寧願讓人笑我一時，也不笑我一世。」第一次專題報告時，彭懷真主任不時地遞萬精油給我說：「你能接受別人的批判嗎？」我回答：「我每學期繳交四萬六千餘元的學費就是請老師來指導的，如此才能在學術上有所進步」……林林總總的學習過程裡有歡樂有淚水。但也有感恩在心的事，諸如大霞在我資格考使用電腦作答唯恐我不習慣而說：「如果你臨時使用電腦有困難，隨時告訴我，我已備有一份用筆書寫的答案卷了。」此種深層的同理心，讓我銘感肺腑。還有高迪理主任在我申請學位考試時間上的方便法門，讓我感受社工法界的包容與理性的規範。

　　學習過程中，感恩四位同窗益友——秀玉、文彬、怡玟、麗珍等的學習支持下，大家相互情緒支持與鼓勵，共同度過艱苦而甜美的三年歲月，如今大家各居一方努力完成高等教育的最後一程。見面雖少，但彼此的祝福是可感知的。尤其學妹們的讚嘆與鼓勵，讓我在東海獲得人生最珍貴的「友誼與祝福」。

　　感謝指導教授曾華源教授，在論文計畫及學位口試期間，不斷地教學生對問題陳述的方法及論文進度的監督指導。林顯宗教授以佛法方式指點學生「信順的學習功能」；王篤強教授不時地提醒學

iv

生「思路」方向；王文瑛教授深深對學生的「問題研究脈絡」的提醒與溫馨的關懷；林仁和教授對學生的「主題命名」的邏輯提示。五位口試委員宛如醫生，誠懇認真地對學生把脈，期待論文結果對後學者有助益，此情此景有如「慈母手中線，遊子身上衣，臨行密密縫，意恐遲遲歸」，讓人有說不出的滴水感恩在心頭。

最後要感謝實踐大學系教評會、院教評會、校教評會等各位委員鼎力支持讓我休假一年完成學位，及在問卷調查期間承蒙台北市社會局長官及周麗華主秘、第五科承辦人王可欣社工員、第二科承辦人楊惠貞小姐，延吉平宅李鈴姿督導，福德平宅武淑芳督導、蔡社工員，安康平宅蔡丹墀督導、王淑玲社工員，福民平宅莊彩鴛督導、林儒詣社工員、張令臻社工員，慧心家園孫婉萍督導，松德婦女服務中心許秀如主任、林社工員，內湖婦女服務中心楊銀美主任、莊毓雯社工員，文山婦女服務中心陳玉楨督導、莊乾淇校長、龔主任、王敏鈺社工師，連美惠校長、葉美盈社工員、古碧蓮駐校社工員、陳雅雯社工員、陳博琳社工員，黃娟瑜主任、馬敏敏主任、周莛貴理事長、顏金龍牧師、蘇燕玲輔導員、潘翠琴老師、邱虹儒研究生、郭來心研究生、王秋香小姐等的協助，方能獲得九成以上的有效問卷。至於統計部分，蒙曾秀雲兼任講師的技術指導與討論，順利在五月間提出論文的原貌。

論文書寫過程中，感恩謝孟雄校長、林澄枝校長、李宗派院長、謝文宜所長、賈廷詩主任、社工系老師，好友劉麗雲、陳正枝、林正枝，及家人等的情緒支持與鼓勵，也感恩普觀精舍住持見烱法師在高級禪修班的開示，讓我在健康上順利通過耐力的考驗，如期完成小時候的夢想——裝備服務的專業知能。

秀香於實踐大學 D309 研究室　2006.06.08

目次

圖目次

表目次

第一章　緒論

第一節　問題背景

　　長期以來，我國一直以低失業率著稱，除了 1973、1974 年與 1985、1986 年曾因全球經濟不景氣而使我國失業率有所竄升外，其餘各年大都維持在 2%以下。此種低失業率情況引起國外學者將我國就業市場運作機制當作典範，鼓勵其他國家向我國學習。然而，此種就業市場的榮景在 1995 年以後開始改變，在 1995 年下半年起至 2002 年九月突破 5%，且以中高齡、低教育程度的非初次尋職者占失業率人口比例明顯上升。由於這些失業者不僅較難再就業，且大都是家計承擔者，故伴隨著失業所衍生的經濟安全問題亦較過去嚴重。尤其承擔家計的女性更值得去重視，以下先就女性就業特質，來了解女性就業因婚姻生育及操作家務事而離開職場，進而影響其復職機會，其中以女性單親者在承擔經濟風險上較高，常會落入貧窮，間接影響子女內外在行為的發展；再就其就業保險法分析此法對再就業的促進力得失，而需正視失業問題；再就政府就業服務的績效上探討就業服務站的職能是否能因應女性單親的就業需求給予再就業機會；進而深入了解女性單親為何在政府的推動多元就業計畫中就業機會多，為何還是失業？其真正問題關鍵何在？

一、女性就業

在後工業社會下的勞動結構轉型，新興的服務業及彈性工作開啟了女性在勞動市場中大量的就業機會。女性就業的趨勢衝擊到傳統工業社會之下，以男性作為主要養家者的、女性照顧者的分工模式。如今將照顧工作以社會化及商品化的方式替代母職工作，又有一部分養家者要求女性在照顧工作外，採取部分工時方式作為補充男性養家功能的不足。在女性主義者發展出雙養家／雙照顧者模式，對家庭內照顧工作給予同等價值的尊重，並藉以發展去性別化的家庭分工，以消除因性別分工不平等而形成的婦女在社會參與上的障礙。因此，工業社會的性別分工模式逐漸消弱的情況下，林于樟（2005：58）認為性別主流化的觀點能夠作為推動兩性分工更加平等的一項工具策略。

就台灣女性就業特質而言，於諸多統計分析資料，皆有呈現工作比率偏低，特別是婚後工作比率降低之情形，有工作女性之年齡，以 25 歲至 49 歲最高佔 59.16%，其中以 30-40 歲居冠，佔六成（勞工保險局，2003），顯示女性就業市場之主力仍集中青壯年層，而無工作之已婚女性則以「家庭照顧」為主要原因。

2004 年台灣女性非勞動力平均 468 萬人，以料理家務、求學及準備升學為主要原因，分別占 54.51% 及 22.38%，求學乙項增長幅度大（1979 年 16.08%，2004 年 22.38%）（行政院主計處，2005），顯示年輕女性接受高等教育者增加，不急於投入就業市場。

2004 年無子女之女性參與勞動率為 69.37%，家中有三歲以下子女者，女性勞動率 51.42%，相較於 2000 年 48.73% 有提高，2003 年曾因結婚及生育離職中，現在沒有工作者占十五歲至六十四歲已

婚女性的 49.46%（行政院主計處，2005）。顯示女性嚴重缺乏再就業管道。

女性失業者是這一群失業中特別弱勢的一群，在就業結構中，仍位居技能層次較低行業、職業，且因行業技能屬性的不同而有「所得偏低」與「教育與職業不相稱」等不同的低度就業（游玉卿，2001：1）。雖然女性失業率比男性失業率為低，失業週數也比男性為短（勞工保險局，2003），但因女性平均薪資比較男性為低（2004 年 5 月 25 歲至 44 歲女性受僱平均每月收入 29,888 元，相較於男性受僱平均每月收入 37,317 元為低，是男性薪資之 80%），且復職率又低於男性，影響復職因素以「專長不合」與「年齡不合」等二大原因為主（行政院主計處，2003），這些都是造成失業女性相對經濟弱勢的原因，（鄭麗珍，1999）尤其女性單親家庭失業後其經濟弱勢比有偶女性失業更嚴重。

二、女性單親風險

研究指出，女性單親家庭所面對的風險種類包括：所得不足、收支失衡風險、子女照顧風險、失業風險、醫療保障經濟風險、住宅需求不足、欠缺週轉金風險等，這些風險雖也是一般雙親家庭所可能面對的經濟風險，但獨自肩負家庭經濟的單親家長風險性可能較高，而女性單親家長因各種社會因素與工作條件環境更為嚴苛，相對風險更加提高（李詩曄，2004）。從生態觀點而言，家庭系統平時是保持恆常平衡狀態，當一個人發生事故均會牽動整個系統的運作，尤其女性將成為單親時，其生命週期將面臨個人情緒的調適，經濟的壓力及子女教養的問題，及人際脈絡、社會適應等改變的問題。故，評估女性成為單親的第一年主要風險項目是很重要的。

　　近年來，有部分女性在青壯年階段失婚，以 35 歲至 39 歲人數為最多，且教育程度在國中至高中畢業者達 74.44%（內政部戶政司，2004），而無工作在找不到理想工作的女性單親之原因以「專長不合」為主，影響工作意願，這群最弱勢的失業者，可能造成經濟的不利。經濟失利的家庭背景對生活及成長期間的子女的社會經濟發展，有不利的影響，進而限制了他們未來社會經濟福祉，（周佩潔，2003）最大的影響是青少年在機會結構下的失勢地位，間接地影響子女個人的內外在行為的發展，故女性單親家庭的風險高。

三、女性單親貧窮

　　台灣的失業率長期以來一直維持在 1%至 2%之間，主要原因是經濟成長率一直以 6%到 9%的比率成長，不過自 1999 年台灣經濟成長率開始滑落後，失業率在極短期間快速呈現倍數成長，最高峰是 2002 年的 5.17%，失業人口約達 60 萬人（行政院主計處，2004），這在長期維持低度失業狀態的台灣，而造成莫大震撼。行政院主計處（2002）統計資料顯示，台灣約有六成的家庭被列入中低收入戶，也就是有高達 1286 萬人口成為所謂的「新貧」階級，這些新增的貧戶以找不到工作的待業者為主，其中女性單親家庭更是新貧窮階級的主要族群。

　　許多貧窮研究皆指出女性單親是致貧的高危險因子（Millar，1988；Goldberg，Gertrude Schaffner & Kremen，Eleanor，1990；Karger，Howard J. & Midgley，James，1994；呂寶靜，1979；童小珠，1992；洪麗芬 1993；張齡友 1994；陳建甫，1996；劉美惠，2000）。推究貧窮的原因，來自於個人因素及結構因素。在個人因素方面：女性單親本身的人力資本變項，如低教育程度、缺乏工作經驗、工作技術低落等。從性別平等觀點而言，這是一種性別歧視，

薪資歧視，也是父系社會中對女性的社會控制與壓迫，其無償勞務工作不能列入女性國民所得，使女性的經濟地位與家庭角色相連結，把無償勞務工作視為愛的勞動，而產生對男性的依賴。女性工作者因受勞動市場的職業性別區隔、薪資性別歧視、家庭的照顧負擔、繼承家庭財產可能性較男性為低等因素影響，女性一旦成為單親家庭的主要家計負擔者，其經濟處境更易淪為貧窮（林淑慧，2005；呂朝賢、鄭清霞，2003），綜合國內外不同研究女性單親致貧因素有六項：人力資本因素、家庭結構因素、居住區位因素、勞動市場因素、社會網絡因素、社會政策因素及性別區隔化、充滿家庭意識型態之社會福利政策及消極負向價值的社會救助等（巫懿真，2005），因此，當女性無工作而又成為單親時，其經濟問題是很嚴重的課題。

　　台北市單親家庭收入在 3 萬元以下者比率為 57%，其中 17.9%的單親家庭收入低於 1 萬 5 千元，而女性單親家庭中高達七成左右的家庭月收入在 3 萬元以下，男性單親家庭僅三成左右月收入低於 3 萬元（吳季芳，1993）。另張清富（1998）訪問調查資料顯示，每戶每月在 2 萬元以下的女性單親家庭比例為 38.2%，男性僅占 14.2%。1998 年台灣地區有 9.84%單親戶落入貧窮，約為一般雙親戶的 2 至 3 倍。而女離婚單親戶貧窮率最高（薛承泰，2003）。由上述可見女性單親的經濟劣勢。內政部統計，台灣地區單親家庭佔總家庭戶 4.18%，約估計單親家庭有 28 萬 4530 戶，其中女單親家庭佔 57.50%，約 163,519 戶。女性單親家庭年平均收入 333,312 元，女單親家庭入不敷出者佔 64.10%，其經濟來源僅有 2.50%來自贍養費，85.50%來自自己所得收入，13.40%父母提供，12.80%政府補助，7.00%社會捐助（內政部，2001）。再從行政院統計處（2004）對台灣收支調查發現，在勞動低所得方面（年所得未滿 30 萬元者）

所佔的比例，女性高達 43.00%，男性佔 27.10%，顯示女性貧窮化的問題比男性貧窮化高。為預防女性單親家庭貧窮造成兩代間移轉的結果（鄭麗珍，1999；張錦麗，2001），其穩定所得收入就是關鍵的生活指標之一，要有穩定收入則必須就業。

四、就業保險法

從 2005 年 6 月修正之勞動基準法而言，低收入戶女性單親就業所得似乎未受到此法應有之相關勞動保障，尤其是從事部分工時之低收入戶女性單親，其從事「臨時工」的工作多半是按時計酬，沒有基本底薪，且無勞、健保等保障，雇主擁有支配勞工之權利，這群弱勢就業之低收入戶女性單親完全無法主張自己的勞動權益，只能接受各種低薪資、低勞動保障之工作，除極少數於私人企業與公家單位從事全職廚工與清潔工之女性單親，擁有固定薪資收入，並獲雇主提供其勞、健保，與其他工作相關制度保障外，其餘從事臨時工工作之低收入戶女性單親，諸如家庭代工、洗碗工、臨時禮品包裝、餐廳臨時送菜人員、大樓清潔工等，目前皆為勞動市場之「就業黑戶」，其工作時間與薪資所得不穩定，無法由勞動參與過程納入就業相關保障與福利制度中。

2005 年 7 月 1 日正式實施勞工退休條例而言，李正良（2005）及林怡君（2004）研究指出，勞工退休新制將可帶給勞工各種優勢與權益，此條例採確定提撥制之可攜示退休金個人專戶，這對部分工時者而言，工作年資可持續累積，不會因轉換就業跑道，而中斷年資，對女性單親受僱者而言，即使是因婚姻或家庭照顧因素導致就業中斷或從事部分工時工作，仍可受到勞工退休新制之保障，因勞退新制採年金制，對這群缺乏勞工退休保障之女性單親來說是有利的。而本條例所稱之勞工、雇主、事業單位、勞動契約、工資及

平均工資等定義是依據勞動基準法第 2 條相關規定，雖有明文規定，勞工係指受雇主僱用從事工作獲得工資者，但對「窒礙難行」之行業未有明確之定義，許多雇主可能會逃避雇主責任，因法律規定曖昧不明，導致這群低收入戶女性單親，以為自己是臨時工，無資格向雇主爭取自己勞動權益，喪失續保，影響自己退休金之保障。

政府就業服務推動三合一就業服務，亦即因應就業保險法實施，將就業服務、失業給付、職業訓練結合設立與運作，也就是簡化服務流程，明確分工，提供需要服務失業勞工即時且適切的服務。但從法制面來看，「就業保險法」，自 2003 年 1 月 1 日實施，就業保險法制定的目的在於提昇勞工就業技能、促進就業，同時保障勞工職業訓練及失業期間的基本生活，其最大特色在於擴大適用對象至 15-16 歲勞工，並將等待期由 7 日延長為 14 日，同時提供四種給付內容，包括失業給付、提早就業獎助津貼、職業訓練生活津貼及失業者參與全民健保的保險費補助。其中「失業給付」發放標準維持原有標準；「提早就業獎助津貼」係指領取失業給付者於請領期限（六個月）期滿前若受僱工作，工作滿三個月之後即可申請尚未領完的失業給付金額，按所剩下金額的 50% 一次領取；「職業訓練生活津貼」是指失業者參加公立就業服務機構的全日制職業訓練期間，每個月可領取平均月頭薪資 60% 的津貼，相當於領取失業給付的額度；「全民健康保險費補助」主要是指失業者領取失業給付或職訓生活津貼期間，由政府補助其參加全民健康保險費自付額的部分。

就業保障制度以性別特質分析，就保險對象而言，男性被保險人在台灣省地區占 65.5%、台北市占 27.3%、高雄市 6.96%、金馬地區 0.12%，女性被保險人在台灣地區占 61.14%、台北市占 32.15%、高雄市 6.6%、金馬地區 0.09%，不論男性或女性被保險

人都以台灣省地區占最高，但女性在台北市都會區所占比例明顯高於男性，顯示台北都會區之就業機會較利於女性。

從平均年齡而言，男性被保險人平均年齡 35.84 歲，女性保險人平均年齡 34.44 歲，女性保險人較男性保險人年輕一歲，至於年齡組別，男性被保險人集中於 25-44 歲，占 65.96%，女性被保險人則集中於 20-39 歲之間，占 63.5%。

從投保薪資而言，就業保險被保險人平均投保薪資為 27,455 元，男性被保險人為 30,300 元，女性被保險人 21,020 元，女性被保險人低於男性被保險人。如以月投保薪資 25 級距觀察，發現不論男性或女性被保險人分別在 16,500 元及 42,000 元，這兩個級距人數所占比例最高，分別為 16.74%、21.67% 及 28.47%、12.63%。而女性投保險人申請投保薪資集中在 16,500 元以下者屬最多數（21.67%），男性投保險人申請投保薪資集中在 42,000 元以下者屬最多數（28.47%）。故，呈現女性被保險人申報薪資偏低之情形。

就保險給付而言，不論男性或女性均以申請失業給付占最多數達九成，若就各項保險給付核付件數，女性（五成以上）高於男性（四成以上），顯示女性受僱者符合就業保險各項給付條件者多於男性。在「失業給付」核付率，雖女性（53.53%）高於男性（46.47%），但核付金額則男性高於女性，其原因是女性投保薪資偏低所致。在年齡組別層，申請失業給付 15-54 歲女性高於男性。在「提早就業獎助津貼」核付率上，女性（50.67%）高於男性（49.33%），提早就業獎助之津貼每件金額，男性為 37,765 元，高於女性 30,501 元，其原因亦是女性投保薪資偏低所致。以年齡別來看，提早就業獎助津貼受益人，女性以 25-29 歲年齡組比例最高，男性則以 30-34 歲年齡組所佔比例最高，無論男性或女性被保險人，領取提早就業獎助津貼者，年齡層均集中在 25-44 歲之間中壯年。在「職業訓練生

活津貼」方面，男、女性被保險人接受職業訓練的年齡層大致多集中於 25-44 歲之間，而女性領取職業訓練生活津貼以 30-34 歲最多，男性以 25-29 歲最多（勞工保險年報，2003）。

以上闡述，台灣對失業者的經濟保障，從失業給付乙項列增提早就業獎助津貼、職業訓練生活津貼，及全民健保保費補助等四項而言，其內容均較重於失業期間的經濟支持，較少於重謀職者的技能培訓與就業市場的媒合（石泱，2003；陳琇惠，2005）。故，從就業保險政策面來看，我國就業保險政策較強調對失業者經濟上的協助，甚少針對工作技能作進階性課程的訓練，導致政府所發放的失業給付並不能對失業者提供再就業能力的幫助，反而會造成失業者的福利依賴性，尤其失業女性單親當其經濟失利，容易淪入貧窮（郭靜晃，2003；劉美惠，2000；瞿宛文，1999；林萬億、秦文力，1992；童小珠，1992；徐良熙、林忠正，1984）而依賴社會救助（Rank，1994；Sherraden，1991；Schiller，1989；鄭麗珍，1999）。

女性單親家庭依賴社會救助不是一種促進經濟自主及刺激國家經濟成長的策略，如美國實行 AFDC 政策並沒有改善低收入戶的生活，反而成為國家福利的負擔。故而，柯林頓政府執行 TANF 救助政策，來促進女性單親就業為前提下，使美國在柯林頓政府執政下，經濟成長立於正成長，因此，政府的社會救助辦法，對於有能力工作的女性單親，應鼓勵其就業，使之能經濟獨立，有正常的所得收入。故，應正視女性單親失業而領取社會救助或就業保險者，唯有再就業才能脫離貧困。

五、正視失業

文獻研究指出，在父權體制之影響尚未消弭之際，及各種不利於低收入女性單親之勞動政策、就業機制與偏頗之消極社會安全體

系之交互作用下，導致低收入戶女性單親無法單靠個人之力量與個人社會網絡之支持來脫離工作貧窮與家庭經濟的困境（巫懿真，2005）。所謂工作貧窮是指有工作但低薪或工作不穩定（底層圈內人），且（蕭智中，2003）工作貧窮現象與社會政策及勞動結構有密切關係，即社會政策的寬嚴，會影響弱勢勞動者進出福利體系，而勞動市場的良窳，會連動勞動者的勞動收入，兩者互動左右工作貧窮者的經濟處境。

以 1990 年普查資料來看，台灣單親家庭「目前有工作」的單親有 70.60%，沒有工作者占 29.40%，其中男單親有工作比女單親有工作高出 21.00%，女單親中則以喪偶者有工作比例最高，次為離婚，再次為未婚（薛承泰，1996）。若以 2000 年普查來看，「目前有工作」的單親占 57.40%，沒有工作者佔 42.60%，有工作比例較十年前下降，以性別來看，「目前有工作」之男女單親各占為 64.80%，54.30%，差距較十年前為少，在以單親類型來看，男女單親皆以未婚／離婚者有工作比例為高，各占 76.10%，71.10%（彭淑華，2003），故，喪偶的、未婚生子的、分居的單親無工作者較未婚／離婚為多。2005 年行政院主計處資料顯示，女性單親失業者自 1982 年之 1.89%至 2004 年之 9.04%，二十二年間失業率提升 7.15%，女性單親非勞動率自 1979 年之 12.05%至 2004 年之 16.08%，二十五年間非勞動力提升 4.03%。故，女性單親失業率有升高的趨勢。研究指出，影響女性復職因素以「專長不合」與「年齡不合」等二大原因為主，而女性單親再就業，是否也是「專長不合」、及「低教育程度」者且又受限於「年齡」的就業障礙找不到理想工作，影響其就業？

張清富（1997）針對台北市與高雄市兩大都會地區內的國中與國小單親家庭樣本進行調查，探究單親家庭是否有工作貧窮現象，

研究發現，單親家庭中屬於工作貧窮者之比率為 12%，其中男性單親家庭之工作貧窮者占 11.1%，女性單親家庭之工作貧窮者占 13.7%，故，女性單親家庭之工作貧窮者高於男性單親家庭之工作貧窮者。

　　再就各國普遍認為部分工時之工作性質可使女性兼顧家務與就業，因此多鼓勵女性投入部分工時之工作，如德（33%）、英（41%）、法（25%）、荷（55%）、美（19%）等國（行政院主計處，2003），我國女性勞工受聘僱從事「部分時間工作者」（1.23%）的比例過去有一度曾高於男性者（0.41%）。但若從單純比較近年的發展狀況，男性勞工從事「部分時間工作」，比率有逐漸增加情形，是否意味男性勞工尋求全時工作的困難度增加，值得進一步探討。若與其他國家比較，除比南韓、法國和德國稍高一些外，我國「部分時間工作」者占就業者比率要低許多，尤其女性的「部分時間工作者」比率更低。而部分工時工作其工作時間較少，無論工作薪資、福利待遇、教育機會、升遷機會等皆會受影響，且多屬於技術層級較低之工作（成之約，2005）。目前，台灣對於部分工時與微型企業就業型態的推動，是否有利或不利於單親女性就業，值得再檢驗。

六、就業服務無效

　　2003 年 5 月修正之「就業服務法」及 2004 年 1 月修正之「就業服務法施行細則」中，對於「政府就業服務」、「民間就業服務」及「促進就業」等相關規定，與 2004 年 4 月公佈之「就業促進津貼實施辦法」（包括「求職交通津貼」、「臨時工作津貼」、「職業訓練工作津貼」、「僱用獎金津貼」、「就業推介媒合津貼」等）對須負擔家計弱勢婦女為主要扶助對象之一。但其相關內容之訂定流於空泛與形式化，似乎無助於女性單親之就業。

　　我國現行公立就業服務機構轄區含台北市、高雄市及原台灣省等三項行政區域共 22 個就服站，其中台北市就服中心轄區尚含西門、文山、松山、萬華、南港、士林等七個就業服務站。公共就業服務機構所具有的職能是在就業市場中作為中介機構，其所提供的服務包括：直接就業安置活動、個別化職業發展、評估及轉介訓練機會或就業、職業心理測驗、為雇主提供特別的僱用對策服務、為雇主求才初步篩選求職者、職業分析等技術性的雇主服務、提供社區就業市場資料及職業資料、及求職技巧訓練（曾碧淵，1987；曾敏傑，2002）。既然就服中心有如此的職能，則女性有就業意願者自 1999 年之 4.61%，到 2004 年之 4.94%，五年內提高了 0.33%，但還未就業。目前 25-44 歲男、女性，有就業意願者占潛在勞動力比率自 1999 年之 10.50%，到 2004 年之 14.51%有逐年提高的潛在勞動力，而 25-44 歲長期失業者自 1999 年之 68.16%到 2004 年之 60.40%，雖其比率有降低，但仍在六成以上（行政院主計處，2005）。然，女性單親工作也以 25-44 歲為勞動參與者最多，但其長期失業現象，是我國就業保險制度發生問題？或是女性單親在使用福利資源能力問題？還是政府行政部門整個福利服務輸送機制發生問題？

七、服務輸送問題

　　我國政府部門為提高國人就業率，行政院勞工委員會先後推出「永續就業工程」及「多元就業方案」，協助非營利組織發展社會或經濟型產業；另經濟部中小企業推出「微型企業貸款」，鼓勵小額資本創業，以 45-65 歲之中高年齡為主，對於 25-44 歲者則以青年創業貸款申請，但因輔導機制零散片段（孫碧霞，2005），導致部分女性微型企業無法進行；行政院青輔會推出「飛雁專案」，協

助婦女創業，自 2000 年至 2003 年間已有 335 人創業（行政院青年
輔導委員會，2004），女性企業主年齡集中在 30-49 歲間，但以 40-44
歲者為最多，將近兩萬人（楊敏玲，2005）；「多元就業開發方案」
自 2001-2004 年間創造了五萬多個在地就業機會，帶動民間團體建
立在地特色（楊文學，2005），而多元就業開發方案促進失業婦女
有充權正面與負面的效應（徐淑敏，2005）；「永續就業工程」核定
的 1,294 項方案，約有 74.5%係補助政府單位，僅 25.5%進用者係
補助民間團體，我國「永續就業工程」屬於社會型計畫（曾敏傑，
2003），與歐盟之「永續就業工程」以第三部門來運作有差異。故，
政府推出的就業方案，其績效有待進一步實證評估。

　　台北市政府，推出的「家庭發展帳戶專案」、「出人頭地發展帳
戶專案」、「樂透圓夢創業計畫」、「飛鳳計畫」等協助婦女就業方案，
以放寬工時限制，有助於女性就業機會；在辦理永續就業工程方案
上，補助婦女團體辦理保母、家事管理及課後照顧等職業訓練專
班，成功輔導 1,229 位婦女就業；2001 年 2 月至 2002 年 5 月之永
續就業，已協助 12,860 位婦女就業。原住民婦女就業方面，
2002-2003 年度庚續於 44 個原住民鄉鎮辦理「獨居老人及身心障礙
者居家照顧暨營養餐飲服務計畫」，提供 215 位婦女就業。在「飛
雁專案計畫」還在宣導座談階段；在「多元就業開發方案」自 2002
年 6 月至 2003 年 9 月底，已提供 6,847 位婦女就業機會；在「公
共服務擴大就業計畫」截至 2003 年 12 月 30 日，提供 104,085 個
就業機會，而負擔家計婦女為優先順位推薦下，截至 2004 年 1 月
2 日，公共服務工作已錄取女性勞工 33,333 人，其中負擔家計婦女
計 4,561 人（13.68%）。

　　故，台北市之實施就業方案共 47,637 位婦女就業，但依據 2004
年就業市場年報提要分析，女性勞動力僅較 92 年度增加 9 千人，

是否已錄取的女性勞工，有真正就業？尤其針對需要負擔家計的女性單親是否真正就業？為何就業機會多，還是有很多失業者，其主要原因，是否與提供專業服務單位無法以單一表單，以條列式服務需求勾選，縮短需求者填寫時間，使個案需求明確呈現，並在一天內完成各項審查，達到一次申請，獲得所需的多項服務，而影響女性單親申請就業意願？還是因行政主管單位負責人對機構間的整合協力不足？故，本文以女性單親家庭就業培力與服務輸送機制之研究為主題。

第二節　研究動機

　　1986 年至 2003 年間台灣整體的貧戶率在性別、年齡、教育、就業狀況、行業別、職業別各個變項上都是下降的趨勢，並沒有惡化，然在勞動結構層次的分析上，行業別裡則發現有兩極化的發展現象，尤其是服務內部的狀況更為明顯，「生產者服務業」的貧戶率在逐年降低中，但「個人服務業」，其貧戶率相對來說則高出許多，這顯現服務業內部兩極化的現象值得注意（陳美璇，2005；劉芳如，2005）。在教育上，也開始出現高教育者與低教育者落入貧窮的差距擴大，顯現，人力資本理論的影響與重要性並沒有因社會結構性變遷而降低其影響力，反而有增加的趨勢。

　　就業培力（empower employment）指提供適當程度的干預支持，以使得失業者的個人相信她自己具有改變的能力，在就業知識與技能上的學習，獲得就業能力，並能拾回自己信心，且能掌控自己的就業生活。為讓此目標實現，在各種不同就業方案裡，尋找最

適合自己最能發揮的專長，且能持之以恆的在專業上精益求精，而獲得永續就業能力與機會。在就業培力上，對於女性單親人力資本及社會資本方面，可分為兩部分來思考：

一、受過高等教育以上的「新貧」女性單親

所謂「新貧」（new poverty）者，指的是受過大專以上及專業技術者，且過去為中產階級、小康之家者面臨「工作貧窮」問題，而又無法符合社會救濟的標準。其中「新貧」女性單親待業狀況，其人力資本上較無缺乏，但其資訊（information）的流動上有特定策略位置／或階層地位的社會連帶，能夠提供個人其他位置無法提供關於機會與選擇的有用資訊，這些連帶也可提醒組織及其行動者，或甚至是社群。這樣的資訊將降低組織在徵補較佳個人（擁有技術、專業或文化性的知識）時所需的交換成本，對個人來說，她們可找到更好的組織，讓她們發揮本身的資本，並得到適當的報酬。其次，這些社會連帶能影響企業代理人（如組織的招募人或主管），而這些位置對於行動者的未來（聘僱與否）扮演著關鍵性的角色。再次，社會連帶，及她們與個人之間公認的關係，可能被組織或其代理人視為社會文憑（social credential）的證明，部分的連帶反映個人透過社會網絡與關係取得資源的可及性，也就是她的社會成本。這種隱藏在個人背後的連帶，我們在就業培力過程中，如何透過就業服務輸送機制的媒合，讓其找到適當的就業職場？

二、教育程度在高中含以下，及長期失業之資格較差之「舊貧」
　　女性單親

所謂「舊貧」者，指的是受過高中職以下及低專業技術者，且過去到現在為政府生活扶助者。其中「舊貧」女性單親待業狀況，

其人力資本及社會資本上均較缺乏，必須透過職業訓練以增強其工作技能。政府既然透過 ALMP，「勞工重新被整備而能應付市場競爭」。相反的，消極勞動市場政策（passive labour market policies），主要是在發放失業津貼。ALMP 不只是針對勞動市場的供給面，如提供失業者或其他相關的人更好或更多的訓練，也在某種程度上減輕對需求面的衝擊，如提供津貼（Dropping，Hvinden & Vik，1999）。1994 年 OECD 工作研究指出，ALMP 是「藉由強化勞動市場流動及調適、促進勞工的再開發──及使人們及時掌握工作機會，以改善勞動市場的功能運作」，並說明 ALMP「對於改善資格較差的求職者及長期失業者是最適當的工具」，更建議「更加強積極勞動市場政策及強化其有效性」（OECD，2001；李碧涵，2005：6）。因而，政府在 2002 年以「多元就業開發方案」、「永續就業工程」、「飛雁計畫」、「飛鳳計畫」等就業方案，如何透過地方政府、民間企業、民間非營利組織等的服務輸送機制來培訓就業前的專業技能，結訓後，並為之就業媒合工作？

　　從社會資本不平等來看，社會資本來自兩個過程：資本缺乏（capital defiicit）及回報缺乏（return deficit）。所謂資本缺乏（capital defiicit）指的是不同的投資或機會，造成某一團體比其他團體在資本上（量或質）相對短缺的過程的結果。如相較於女性，家庭投資更多人力資本或社會資本在男性身上。或是不同的社會團體或許鑲嵌在不同的社會階層或社會網絡，因此有助於或是限制她們成員所取得資本。回報缺乏（return deficit）是既有的資本的質與量，對於不同社會團體的成員造成不同的回報與成果，如男性與女性所具有的社會資本的量與質，使她們在地位取得上獲得不同的回報（Nan，2001；林祐聖、葉欣怡譯，2005）。從勞動市場結構來看，男性主控就業市場的特性，使女性就業受到障礙，從邊緣化理論來

看，工業化發展過程主要從事不具重要性的生產活動及機械化為主之謀生工具為男性掌控，使女性經濟性角色重要程度降低（陳玉華、伊慶春、呂玉瑕，2000），故，女性在社會資本上是缺乏的，尤其是女性單親家庭在缺乏人力資本及社會資本下，如何使其就業能力增強？為本文研究動機之一。

為使女性人力資本及社會資本的提昇，除已具有的專業教育外，如何可透過政府部門、民間機構、非營利組織部門等之職業訓練加強其職業技能的能力，如第二專長的養成、職訓局的專業技能訓練、企業體職場專業訓練、在地文化培訓等就業轉業能力培訓之組織輸送機制，以達到就業及創業或重返就業市場之目標，為本文研究動機之二。

綜合上述二項研究動機，本文更想進一步了解受扶助的舊貧及社會排除的新貧在「再就業的服務輸送」機制上是否有障礙，而其障礙因素是甚麼？是本文研究動機之三。

第三節　研究目的

行政院經建會推估，2006 年經建會要達成經濟成長率 4.5%，但失業率仍為 4.2%，未達成 4% 以內，故，政府將推動多項「短期促進就業措施」，預定可提供 72276 個就業機會，讓失業率達到 4% 以下目標，該項措施針對五大族群失業問題，包括因產業外移、關廠造成的結構性失業、青少年、原住民、中高齡等弱勢失業勞工問題及負擔家計婦女就業等（王孟倫，2006）。是否短期促進就業措施對女性單親就業有幫助？是值得進一步觀察。

　　台灣女性就業特質，於諸多統計分析資料，皆有呈現工作比率偏低，特別是婚後工作比率降低之情形，有工作女性之年齡，以25歲至49歲最高占59.16%，其中以30-40歲居冠，佔六成（勞工保險局，2003），顯示女性就業市場之主力仍集中青壯年層。部分女性在此階段失婚者以35歲至39歲人數為最多，且教育程度在國中至高中畢業者達74.44%（內政部戶政司，2004），而無工作在找不到理想工作的女性單親之原因以「專長不合」為主，影響工作意願，這群最弱勢的失業者，政府如何輔導其就業意願，使之有固定安家的收入，尤其是女性單親家庭更需要促進其就業。

　　台北市政府為解決單親家庭經濟失利問題，採女性資產累積之貧窮對策觀點，實施脫貧政策。在脫貧專案如：「家庭發展帳戶專案」已有38個家庭不再是低收入戶；「出人頭地發展帳戶專案」共協助79名低收入第二代學子脫離貧窮，但僅16位進入高等教育，4人進入職場；「樂透圓夢創業計畫」共6名，女性占4名（謝宜容，2005）。上述，脫貧計畫雖有一些績效，但台北市截至2004年4月止，共有低收入14,207戶。其中男性單親1,279戶，女性單親3,063戶，其脫貧計畫參與人數還是很低？

　　故，政府推動的就業保險制度及職業訓練及就業方案，就其就業培力而言，原則上可增加其就業率，但在福利服務輸送機制上，提供專業服務單位所提供單一窗口，在實務上方便案主使用資源的可近性、可及性及連續性的服務，及增強行政主管單位負責人對機構間的整合協力，以促進女性單親申請就業意願，茲將本研究之目的說明如下：

一、了解女性單親家庭就業意願與培力情況。

二、檢視現有的女性單親之職業媒合與就業服務輸送之關係。

三、進而分析女性單親之就業意願培力與就業服務輸送的相關性。

第四節 名詞詮釋

本研究係採用問卷調查的實證研究，在進一步呈現研究方法與研究結果前，有若干名詞需先加以界定與詮釋，茲說明如下：

一、女性單親家庭

單親家庭（single family of women）是由父親或母親與其未婚子女所組成的家庭（徐良熙、張英陣 1987；社會工作辭典，1990；美國社會工作辭典，1995）。而單親家庭類型包括未婚、離婚、分居及喪偶、配偶為戶外人口、同居、祖孫家庭、次單親（離婚後與原生父母同住）（王麗容、林顯宗、薛承泰，1992）。而本文女性單親家庭定義指 25-55 歲母親與育有一位以上子女在 18 歲以下所組成之家庭，且目前未就業（若已經就業，但有一個月以上失業經驗者）為研究範圍。

二、性別平等觀

性別平等觀（the perspective of gender equality）在聯合國、國際勞工組織、歐洲聯盟、經濟合作發展組織、美國、英國、日本等之兩性工作平等制有：就業上，禁止性別歧視；同工同酬原則的確立；突破職業隔離；禁止工作場所性騷擾；母性保護原則；促進兩性平等方案之推動；促進兩性工作平等法之推動（余秀雲，2003）。而本文所謂性別平等觀，是指在職場地位平等，包括就業工作時數、休假、工作環境安全性、無職業區隔，及薪資相等、升遷上機會均等。並以民國 91 年 1 月 16 日公佈的兩性工作平等法；就業服務法（民國 92 年 5 月 16 日修正）第三章促進就業第 23 條、第 24

條、第 26 條、第 29 條、第 33 條；第四章民間就業服務第 34 條至第 41 條；及勞動基準法實施細則（民國 93 年 9 月 22 日修正及民國 94 年 6 月 14 日行政院勞工委員會修正第 10 條）規定說明性別平等觀。

三、新貧

從新貧內涵而言，無論是英美或歐陸，主要都是針對 1970 年代以後，由失業所引發的社會現象來討論。Harrington（1984）認為十九世紀到二十世紀有三種不同的歷史性貧窮，分別為：(1)十九世紀產業工人階級的貧窮化；(2)1945 年到 1970 年間，部分的窮人無法分享經濟成長的結果，也就是只在現代化過程中居下層的少數族群；(3)1970 年左右由美國開始的經濟全球化所造成，如低工資國家之競爭、先進科技之運用、科技取代勞工等。且認為二十世紀末的貧窮不同於以往，主要是在於其所衝擊者，並非只有傳統上的弱者（非技術性工人或低教育程度之移民），重工業技術工人及白領階層者之經濟安全，易受到威脅，而第三種歷史性的貧窮即所謂的新貧（吳佩瑩，2005：6）。本文的新貧（new poverty）指的是過去為中產階級、小康之家者面臨「工作貧窮」問題，而其生活困難需求程度又無法符合社會救濟的補助標準。

四、就業經驗與經濟

本文就業經驗與經濟指的是失業原因、長期失業時間、就業保險、個人利益（儲蓄利息、投資利潤、撫卹金）、政府補助（低收入戶生活補助、特殊境遇婦女補助、以工代賑）、固定收入、職業訓練等變項，來了解女性單親之就業經驗與經濟狀況。

五、就業意願與培力

根據英文語法，empowerment 是 empower 的名詞。在 Webster's New World Dictionary 中（1982）定義"empower"為「把力量或權威給某人」（to give power or authority to）；「把能力給某人」（to give ability）；「使能」（enable）；「准可」（permit）。以上定義是假設力量是可以透過某人給予某人；力量可是給予、授予獲准允的。

Hess（1984）、Staples（1990）、Parsons（1991）認為力量是不太可能給予「無力量」的個體，而是必須由其自己本身去發展或獲得。因為，引發她們本身的力量，比僅僅做個等待被給予力量的接受者，更可行。就社會工作的專業價值中對人的信仰來說，empower 應是發展、增加力量的過程。因為，透過力量增強的過程，個體能改善其無力感，進而能夠根據自己的想法和信念採取行動，提高掌控自己生活及命運的程度。所以，「empower」不僅是過程也是結果（Staples，1990；Parsons，1991；趙善如，1999）。

Solomon（1976）定義「empowerment」是社會工作者和案主致力於一組活動的過程它的目標在減少被污名化的團體成員對自己負面價值觀所帶來的無權能感。Wann（1992）認為「empowerment」是透過參與、信賴、學習和採取集體行動，以協助個人發展自己的優點。但 Friedmann（1992）從社會發展的觀點將「empowerment」將之分為心理的 empowerment——改變自己的能力、社會的 empowerment——協助社會結構的改變、政治的 empowerment——使社會的基本權力結構改變。

從芝加哥大學教授 Schultz（1996）提出之人力資本概念而言，在當時人力資本是指人民所受的正規教育，後來的學者把技術、經驗與個人的名譽及其他特徵也劃入人力資本，因為這些因素也能提

昇個人的生產力,所以,人力資本的定義:HC=f〔(A+B)×E×T〕。A 是個人能力,包括個人的知識(K),個人的技術(S),個人的天賦(Ta)。B 是個人的行為,每一種行業都有其特定的行為,適當的行為能提昇其達成任務的能力,因此,它是人力資本的因素之一。E 是員工在工作上努力的程度,如一個具有頂尖知識技術與天賦的男高音,如果他站在舞台上不唱歌或不賣力唱,則他與低能力的男高音沒有差別,或甚至更差。T 是員工投入工作的時間,如果一個頂尖的男高音在舞台上只表演 5 分鐘,則聽眾不知道他有多好,他必須要投入相當的時間完成他的歌曲,聽眾才知道他有多好(引自李誠、辛炳隆,2003:8)。因此,人力資本也可以HC=f{〔(K,S,Ta)+B〕×E×T}公式來表示。

　　就業培力(empower employment)指提高個人人力資本及做適當程度的干預支持,透過就業諮商了解女性單親就業者之基本能力、技術、專業知識及就業準備行為,以使得女性單親失業者的個人相信她自己具有改變的能力,並在就業知識與技能上的訓練學習,獲得就業能力,並能拾回自己信心,且能掌控自己的就業生活。為讓此目標實現,在各種不同就業方案裡,尋找最適合自己最能發揮的專長,且能持之以恆的在專業上精益求精,而獲得永續就業能力與機會。故,本文「就業意願與培力」指的是以女性單親之再就業諮商、影響工作價值因素(包括人生目標價值取向、尊嚴取向、表現尊重取向、組織安全與經濟取向、工作與休閒取向等)、就業安置等變項來了解其就業意願與培力情形。

六、服務輸送機制

　　服務輸送(service delivery)是指服務提供者(providers)彼此之間及接受服務者(consumers)之間,在所屬的社區中相關福

利的組織性規劃（organizational arrangement），使得提供者能將福利送到接受服務者身上。服務提供者可以是專業人士、自助團體或公私立社會服務單位，在機構辦公室、社區中心、心理衛生中心或醫療單位等場所進行服務的提供，且最理想的服務輸送狀態是服務能整合、連續、易接近性、有責信（Gilbert & Terrell，2002）。

而「機制」（mechanism）一詞，大英簡明百科解釋為「在機械結構上，使一部機器或任何機件裝置得以傳送或改變運動的方法」。根據「朗文現代英文辭典」（1984）有三種的解釋：一是，組合不同機械零件，並用來運作（the different parts of a machine arranged together and the action they have.）；二是，在整體當中各部位的安排與運用，有如神經中樞（the arrangement and action which parts have in a whole: the mechanism of the brain.）；三是，相信有機體只能受化學及其他物質作用的控制（the belief that living things are controlled only by chemical and other material forces.）。

而本文的「機制」指的是單一窗口的服務包含就業諮商（個別諮商、團體諮商）、職能評估（職業心理測驗、職業適性評量、職業輔導評量）、就業登記、就業媒合、就業保險金領取、公共職業訓練、就業安置、安置後追蹤輔導等一併在就業服務單位內完成，亦即在同一地點提供多項需求的服務。

故，本文所指之女性單親「服務輸送機制」是指運用個案管理方式結合政府部門、民間機構、非營利組織機構等各機構之間的再就業諮商、職業訓練相關資訊資源網絡及就業安置、提供服務單位的多項職業媒合（指尋職頻率及尋職方法）及辦理再就業流程時間及等待再就業時間之服務輸送的運作。

第二章　理論與實務文獻回顧

第一節　培力概念的形成

　　培力觀點（empowerment perspective）約在 1970 年代末期，1980 年代初期，有專家學者開始著手整合與修正傳統社會工作與基變社會工作的觀點與差異，進一步提出「empowerment perspective」，強調需發展與增強案主個人（intraperson）、人際（interpersonal）、政治／社區（political/community）等三方面的力量，以解決所面臨的問題，滿足生活所需進而能掌握／控制自己的生活。這樣的觀點近二十多年來在美國的社會工作專業，因符合專業的認知與目標比如個人問題的發生是個人與社會環境互動的過程中，個人缺乏對等的力量所造成的；社會工作的共同目標是案主發展案主的力量，使其有能力發現和參與問題的解決，最後能有較佳的生活。

　　基變觀點中強調「權力」的重要、意識形態的覺醒等概念對社會工作發生影響，而有了培力觀點的發展，另培力觀點的理論與實務也根植於社區組織方法、成人教育技巧、女性主義、和政治心理學。培力理念的發展核心著重於從喚醒受助群體覺醒（conscientization）於自我處境，到爭取政治權利等多元專業介入策略，透過個人、家庭、團體、社區、組織等不同培力單元，是以平衡及改善社會不公平所帶與她們的特殊境遇。在培力的發展經驗中，將弱權歸因於在政治舞台上欠缺經驗、資訊不足、批判和抽象思維的訓練不足、身心上的壓力、因制約而來的無力感、個人定見影響到實踐行動及資源的欠缺等（Lee，1994：12）。

　　反躬培力的諸多實踐經驗中，可歸結之是：多由志願工作團體、非政府組織（NGO）、民間與社區團體等投注期間，且常與人民運動相連結（Mayo & Craig，1995）。由非政府部門來積極促動弱權者的權利意識及促使權利強化的行動等。增權實踐的三組合含括意識喚醒、知識增進和採取行動，讓弱勢人群從附屬（subjection）到自主（subjectivity）（Cruikshank，1999；羅秀華，2001：157）。在實踐過程中，（Lee，1994）專業者是弱勢人群的工作夥伴，共同發展願景、喚醒意識、採取行動及投入行動和反思的實踐。強調批判思考，主張人們要能自我表述，藉由行動去改變制度和個人。且以「潛能」作為權力基礎之一，進而更積極的自我意識發展，將知識建構可對應到環境中的社會和政治事實，以培養資源和策略來達到個人和集體標的。

　　故，培力概念來自基變社會工作之演變，強調自覺與增強案主的本身潛在資源。

第二節　就業相關理論

一、職業媒合模型

　　職業媒合模型（Job-Matching Model）主要從均衡的觀點來解釋失業者的求職過程，Karni（1999）認為，失業者的職業媒合能否成功，端視我提供職位空缺的多寡與求職者的行為而定。

　　職業媒合模型可分為普通（一般）均衡模型與部分均衡模型兩部分，普通均衡模型（General equilibrium model）中，就業的成功與否乃是取決於失業者的努力與政府所提供的工作機會與工資條

件（Fredrisson & Holmllund，2001），意即強調著重失業者與工作機會之間的關聯性。而部分均衡模型（Partial equilibrium model）則是強調失業期間失業者的尋職頻率與失業給付之間的關聯，若失業給付的水準愈高，則失業者的尋職頻率就會相對地降低。

從職業媒合模型中，可知一個失業者要能重返就業職場，除靠個人的努力尋職外，同時還要有足夠的工作機會與足以吸引其再度就業的工作誘因，諸如較高的薪資、較好的工作環境與較佳的工作內容、較好的工作願景與能勝任的就業競爭力。換言之，職業媒合模型著重於就業市場中的供需情況，只有提供足夠的工作機會與優渥的工作條件下，才能吸引失業者努力去找工作。

此外，職業媒合模型中也強調失業者的求職行為頻率愈高，其愈有可能再就業，但失業者的求職行為與頻率會受到政府提供的補助影響，當政府給予較密集的補助及較高的給付時，相對地失業者的求職頻率就會降低，所以，從職業媒合模型觀點來看，政府對失業者的協助不能太多，否則對失業者就會產生負面的影響。

二、尋職理論

尋職理論（Job Search Theory）重點在：（一）到新地方工作搜尋應持續一陣子，不一定是一開始就立刻找到工作；（二）強調工作搜尋所需花費的成本；（三）移動的決定不一定是正確的。一個潛在的移動者在移動之前會有心中訂定目標薪資和保留薪資的標準，其中目標薪資大於保留薪資。如目標薪資所得大於移動者心中最小的目的所得，那移動者就可能會移動（Lin，2001）。

尋職理論也指出，勞工的工資不同是來自資訊不完全所致，因資訊不足會造成落差（辛炳隆，1999）。故，李章順（1998）認為可藉著工作搜尋理論來分析失業保險對失業期間長短的影響，他認

為失業保險主要乃是藉由改變失業者的保留薪資水準與尋職努力程度，來影響失業期間的長短；至於影響方向與影響程度，將隨制度設計的不同而有所差異。

「尋職」是一個連續搜尋（sequential search）的過程，在此過程中，每一個人都可以推算出最佳工作法則（optimal stopping rule），也就是推算出每個人心目中可以接受的最低工資，稱之為「保留薪資」（reservation wage），只要找到工作薪資高於保留薪資，個人就接受該工作機會（McCall，1965），而結束失業，但由於失業者多缺乏足夠的資訊，因此當其尋找工作時，會與之前的工作進行比較，以決定是否去就業，若過去的工作經驗中提供較優渥的條件時，失業者就會有較高的要求標準，而不願屈就於較差的工作（Zaretsky & Coughlin，1995；Kiefer，1998），此研究與台灣失業勞工請領失業給付期間，仍是以失業前的薪資報酬為其就業的工作價值（張福翔，2005）有相同之處。McCall 又提出搜尋每一個工作成本都是固定的假設。但 Kasper（1967）認為搜尋每一個新工作的成本並不會固定不變的，如失業者會隨失業期間的增加而增加心理壓力與焦慮，其心中的保留工作會隨著失業期間的拉長而降低。Gronau（1971）認為生命是有限的（finite horizon），一個人在有限生命中，隨著失業期間的拉長，心中壓力也會愈大，因而失業者會隨著失業時間拉長而降低心中的保留薪資，以期望盡快有工作機會。

尋職理論非常強調勞工個人心中之「保留薪資」對其做「尋職」的影響，而失業保險金額的高低，也會間接影響失業勞工個人心中之保留薪資，可能使其有失業保險金的支持而不去做工作搜尋，寧願選擇繼續失業（EURO，1997；OECD，1993；Walsh，1987；石泱，2004；陳威嘉，2004）。故，從尋職理論的觀點來看就業保險

所發的失業給付，可發現過高的失業給付會抑制失業者的求職動機，提高失業者保留工資的底線，進而降低其就業的誘因，造成失業期間的拉長。

三、效率——薪資理論

效率——薪資理論（Efficiency-Wage Theory）主張，薪資是影響勞工生產力的主要因素，過低的薪資水準非但無法提高生產力，反而會造成非自願性的失業人口，因而雇主若要提高生產力，就應該更以更高的薪資成本僱用較具生產力的勞動者，而這樣的結果會造成非自願性的失業人口都是屬於低薪資、低生產力的淘汰人口（Chang & Lai，1999；Pernecky，1994；石泱，2004：66）。

從效率——薪資理論而言，就業保險所發放的失業給付會減少失業成本，導致求職者要求較高薪資才肯就業，故，整體的勞動市場中勞動需求會降低，導致失業者會怠於就業。由上觀之，失業給付的發放標準應該愈低愈好，否則過高的失業給付會造成與雇主所提供的高薪資相抗衡，干擾到就業市場平衡原則，進而造成更多的失業人口。

四、靜態勞動／休閒模型

靜態勞動／休閒模型（Static Labor-leisure Model）是 Moffitt 和 Nicholson（1982）所提出，主要是從靜態的觀點來解釋失業者的尋職行為。Moffitt 和 Nicholson 認為，失業勞工就業與否取決於個人對生活的選擇，通常人們喜歡兩件事情，一為所得，二為失業。所得可讓人們生活更舒適，享受更好的生活環境與品質；失業可讓一個人獲得休閒不必辛苦工作。

　　靜態勞動／休閒模型的前提假設為勞動市場中，失業者所能獲得的工資是固定的，且工作機會隨時都有，因此不必急於找工作。如從政府所提供的失業給付角度而言，它是有期限的，且其失業救助金又無法讓其生活品質有更提昇的作用，只有真正去工作，失業者才能享受較好的生活品質。所以，失業者必須在所得與失業間做一個選擇，甚至選擇何時重返就業市場。

　　故，靜態勞動／休閒模型認為失業是一個長時間的過程，失業者會理性考量一個邊際效用最大的時間點結束失業。但人們如何理性地看待失業的決定及失業的期間週遭環境的變化和個人生活的變化通常充滿著變數，所以，要以靜態的觀點來解釋失業者的尋職行為是有許多的困難。

五、動態尋職模型

　　動態尋職模型（Dynamic Search Model）認為失業者的尋職成功與否是一個動態的過程，期間涉及到許多的因素，非單一因素或單一情境所能解釋。Mortensen 和 Rosen（1977）認為，尋職乃是個人行為的抉擇，失業者是否能積極覓職，乃是預期效果與現存價值間的一種選擇，失業者會選擇在所得與休閒間做出一個折衷的決定。

　　從動態尋職模型中發現，失業者能否順利再就業通常是許多因素綜合而成的結果，特別是會隨著失業者的失業期間而有所不同。在失業初期，失業者可能還有一點積蓄而不願覓職，或對新的工作有較高的薪資標準，而不願屈就較低的薪資工作，但隨著失業期間的拉長及積蓄的耗盡，失業者將會慢慢降低對新工作的要求標準。從另一方面而言，失業者也可能習慣於失業期間的生活方式和領取政府所提供的失業補償，而不願再去尋職。換言之，失業者能否再就業常會因人、因環境和制度而有不同。

　　對於過去薪資所得較低者，由於沒有太多積蓄，在失業期間為養家活口，會比有較多儲蓄的失業者更積極覓職，反之，高收入者則有可能因其過去累積的儲蓄，而不在失業期間無急迫性的經濟壓力，對於新的工作選擇會比較慎重，或是比較不積極尋找工作，或等待新的工作符合自己的人生前瞻性規劃。

　　上述就業相關五種理論，指出職業媒合模型強調失業者求職行為頻率愈高，則愈有可能再就業；尋職理論強調就業者個人心中之保留薪資對尋職的影響，而保險金額高低也間接影響失業者對工作尋職的意願；效率──薪資理論主張薪資對勞動生產力的影響力，過低薪資水準除無法提高生產力外，也會造成非自願性的失業人口；靜態勞動休閒模型認為失業是一個長期的過程，失業者會理性考量一個邊際效用最大的時間點結束失業；動態尋職模型認為失業涉及多種因素，在失業初期，尚有儲蓄而不願覓職，或對新工作有較高的薪資標準，待積蓄耗盡，則將會慢慢降低對新工作的要求標準，另一方面也可能習慣於失業期間的生活方式和領取政府提供之補助，而不願就業。

第三節　失業相關研究

　　Hauser（1974）提出「人力運用架構」（Labor Utilization Framework，LUF）分析低度就業，將就業狀況按處遇嚴重程度依序分為六個類型（Clogg & Sullivan，1983）：次級失業（subunemployment）又稱失志工作者（discouraged workers）、失業（unemployment）、非自願低工時（involuntary low-hour work）、

低薪資（low income）、教育與職業不相稱（occupational mismatch）、適足就業（adequate employment）。而葉秀珍（2001）以低度就業如何受到性別、教育、產業／職業結構及經濟變遷等四大因素探討其影響機制。提出九種假設：1.女性工作者面臨較高之各種類型低度就業風險；2.控制家庭因素後，各類型低度就業風險之性別差異應會縮小；3.教育程度愈高，各種低度就業之風險愈低；4.教育程度對失業風險之抑制（負向）效果最大，其次依序為低工時、低工資、教育與職業不相稱；5.邊陲產業位階將提高各類型低度就業之風險；6.專業職業位階將降低各類型低度就業之風險；7.服務業部門之失業風險將低於其它產業部門；8.經濟景氣蓬勃會降低各類型就業之風險；9.控制經濟景氣因素會縮小各類型低度就業風險之性別差異。

　　上述假設結論是：1.台灣女性工作者僅在低工資風險上顯著高於男性；2.控制家庭因素後，發現家庭因素並非解釋低度就業性別差異之重要因素；3.教育程度對個人勞動市場處遇之較大貢獻在於有助個人找到較具規律工時及較高薪資的工作，教育程度愈高者可能因個人對工作期望較高，愈容易花更長時間尋找適合的工作，因此失業風險反而較高，此項發現大致上支持「高學歷，高失業率」之現象；4.高教育程度者，愈容易面臨教育與職業不相稱之風險，可能原因或許是教育年數之提昇未必反映工作者所屬職業對教育年數的要求，亦可能原因在於工作者之教育程度未必反映所屬職業的工作技能，教育年數是否等同工作技能或工作生產力值得進一步細究；5.若從需求面來解釋低度就業風險，發現產業與職業位階之優勢對個人落入各類型低度就業之風險具有相當重要的保護機制；6.經濟成長率對於失業及低工時風險具有顯著性之抑制效果，此項發現顯示國家整體經濟表現對個人勞動市場處遇具有相當重

要之保護機制。值得注意的是：經濟成長率愈高及經濟發展階段愈成熟（時代效果），個人落入教育與職業不相稱的風險愈高，且對高等教育程度者更為不利（葉秀珍，2001：7-20），此外，教育所代表的可能是文化資本甚於人力資本（黃毅志，1998）。以下就失業給付與勞工流動、教育程度與尋職期間、失業類型與長期失業者特徵說明其相關性：

一、失業給付與勞工流動

　　Hamenesh（1992）歸納美國、英國、瑞典、德國、西班牙等國的文獻，發現：當失業給付全額占失業前平均薪資上升 10%時，勞工的失業期間將延長 5%。因此，失業給付對勞工流動有阻礙的效果，這個阻礙效果一方面是由於失業給付會降低勞工搜尋工作機會成本，使勞工不流動；另方面，若可領取失業給付的期限拉長（Hamenesh，1992；陳威嘉，2004），相對而言，勞工會傾向於領完失業給付後才積極搜尋工作，而失業給付金額多寡及請領期限長短，可不斷地透過研究，針對不同國家的狀況做出適當的調整（Hamenesh，1992）。但在台灣失業勞工請領給付金期間，其求職機會搜尋呈現停滯狀態，就業面試也僅是應付公立就服機構的推介，以作為繼續請領失業給付的依據，就業決定也以決定領受失業給付為一致性的決定模式（張福翔，2005），故，失業給付高低與勞工的流動有關。

二、教育程度與尋職期間

　　從文獻中得知，我國國民教育程度愈高，年齡為中高齡以上者，有申請失業給付者較多；請領失業給付者參與職業狀況不佳，且其工作搜尋方式顯示出城鄉差異；無請領失業給付者工作搜尋時

間較短，有請領失業給付者則有多次轉換工作的經驗（陳威嘉，2004）。教育程度愈低者，其失業原因為非自願性失業情形愈高；原工作行業為製造者、年資及年齡愈高，愈覺得找工作不容易，且再就業機率愈低，就業薪資損失的比例愈高；非自願失業者，教育程度愈高，原工作行業為製造業、原工作職業非主管或專業技術人員、工作年資愈短之男性，失業期較長。自願性失業者，原工作月薪愈高失業期愈長，失業期忍受度愈高，再就業機率愈小。自願性失業者，原工作行業為製造業、女性、工作年資較高者，再就業後薪資損失的情形較高（耿靜宜，1998）。故，教育程度變項與失業者尋職時間長短有相關。

三、失業類型與長期失業者特徵

（一）失業類型

從失業類型來看，失業約略有六種類型（Rejda，1999；石泱，2004；柯木興，2000；梁憲初、冉永萍，1997；黃仁德，1993）：循環性失業（cyclical unemployment）、技術性失業（technological unemployment）、結構性失業（structural unemployment）、摩擦性失業（frictional unemployment）、季節性失業（seasonal unemployment）、潛在性失業（underemployment）。「循環性失業」又稱景氣性失業或週期性失業，主要是由於國內或國際經濟的大環境因素所造成的，其可能導致勞工被資遣或解僱，嚴重者更會造成一個經濟衰退或勞工人力過剩。「技術性失業」乃是指科技進步、生產工具的發明與改良所導致失業，如現今的生產技術而言，資訊化普及，加上電腦的廣泛運用，無法熟悉電腦操作的人員就可能被排斥在勞動市場之外，這是另一種技術性失業的危機。「結構性失業」，是由於經濟結

構的改變，導致少數人或某些行業的從業人員產生失業的現象，這種情形就是一種結構性的失業。「摩擦性失業」又稱異動性失業或迴轉性失業，主要是指勞工在轉職過程當中，由於勞動市場的供需未能密切配合所造成的失業現象。通常造成此種失業現象的產生，主要原因可能是由於就業輔導制度不健全，以致於整個就業市場的資訊無法順利流通，產生事求人與人求事兩者未能互相配合。一般而言，勞工在轉職過程中並無法讓兩份工作密切銜接，適當的尋職等待期間可視為正常現象，但如果這段過程太長以致影響勞動者的經濟生活，就可視為是一種摩擦性失業。「季節性失業」乃是由於季節性因素所造成的一種失業現象。這種季節性因素包括該地區的文化、風俗習慣、生產方式與宗教信仰等，季節性失業在農業與建築業最為明顯，農業主要配合春耕、夏耘、秋收、冬藏季節性改變而有不同的勞力需求，當此種需求較少時，便產生季節失業。「潛在性失業」，在就業市場中，勞工的工作內容如果無法與本身的能力、專長相配合，達到適才適所的目的，則可能存在著潛在性的失業危機。而潛在性失業就是指勞工本身的條件（興趣、學歷、能力、專長）與工作內容（薪資報酬、工作挑戰性、工作滿足感、工作工時長短等）無法相配合，所產生的一種想要離職、對工作無法完全投入的狀況。潛在性失業雖不一定是實際的失業，但卻極有可以因各種誘因促使該動機轉換成為實際的離職行為，或對工作內容本身產生疏離感。

　　以上六種都屬於非自願性失業，另一種所謂的「自願性失業」（voluntary unemployment），則視失業者因個人的特殊狀況而離開職場，如健康狀況不良或女性因結婚生育、家務太忙而放棄工作，這種都屬於自願性的失業類型。

　　整體而言，循環性失業主要係由於工作場所歇業所造成，摩擦性失業則視勞動者本身對原工作不滿意而產生的，結構性失業主要發生在初次尋職者，至於季節性失業則與臨時性工作或季節性工作結束有關。

　　不同的失業型態有不同的解決策略，如摩擦性失業應加強就業服務與職業媒合工作，結構性失業應加強職業訓練與第二專長訓練，循環性失業則要從振興經濟景氣、刺激市場需求，以活絡勞動力供給，季節性失業則可藉由短期工作機會的提供，以彌補失業期間所得中斷。故，失業原因有兩種，一種為非自願離職，另一種為自願離職。

（二）長期失業者特徵

1. 國外長期失業實證研究

　　在歐盟的經驗中，長期失業的性別差異隨著地區有所不同，實證研究發現，如果控制年齡、技術與尋職方式，女性長期失業的比率在任何年齡層與教育程度上都高過男性，在中高齡年齡層特別顯著（EURO，1997；CEC，2000）。整體而言，女性比男性更容易陷入長期失業（Machin & Manning，1998），其可能原因是：在歐陸保守主義國家，父權社會思想，女性不被鼓勵去工作，所以失業女性會比失業男性更不易找到工作。相反的北歐國家，由於托兒制度健全，婦女比較有機會參與勞動市場而不是只能扮演家庭照顧角色工作。反觀，我國與歐陸國家情形相似，但近年來女性參與勞動率提高，相對的失業率也提高。

　　在年齡上，實證研究指出，在歐盟中，以 50 歲以上的勞工最容易陷入長期失業的年齡組，在法國 50 歲以上的勞工長期失業的

比率是 25-49 歲勞工的 1.7 倍（EURO，1997），整體而言，年齡愈高愈容易陷入長期失業（CEC，2000；OECD，1993）。相較於其他年齡組，中高齡勞工轉業能力都較低，且雇主較不願僱用中高齡失業者，加上部分國家對中高齡失業者的相關福利給付較優渥導致提高保留薪資，使得中高齡失業者相較於青少年失業者容易長期失業（OECD，2002；劉文浩，2004：14）。

在教育程度與技術上，歐洲產業結構改變導致減少對低技術與製造業勞工的需求，也就是結構性失業，致使製造業失業者無法轉業而再就業，而呈現長期失業（CEC，2000；Machin & Manning，1998；EURO，1997；OECD，1993）。在後工業社會裡，勞工是否具備專業影響其就業能力。依據歐盟在 1993-1995 年資料顯示，教育程度與失業週期之間有負相關（CEC，2000），教育程度高的勞工通常越有機會從事專業性高的職業，而教育程度低的勞工則越可能從事體力工與非技術工。而教育程度高低會影響勞工對資訊取得之難易，且教育程度也影響勞工之社會資本與文化資本，這都對勞工在失業後尋職難易有密切關聯。

上述得知，西方國家長期失業者特徵：以女性、中高齡與低教育程度居多；性別差異依據不同國家有不同的結果，幾乎西方全部國家，中高年齡的勞工是最容易長期失業的年齡層，且教育程度低的勞工也是比較容易長期失業的群體。反觀我國，女性失業率比男性失業率為低，失業週數也比男性為短（勞工保險局，2003），但因女性平均薪資比較男性為低（2004 年 5 月 25 歲至 44 歲女性受僱平均每月收入 29,888 元，相較於男性受僱平均每月收入 37,317 元為低，是男性薪資之 80%），且復職率又低於男性，影響復職因素以「專長不合」與「年齡不合」等二大原因為主（行政院主計處，2003）。女性有就業意願者自 1999 年之 4.61%到 2004 年之 4.94%，

五年內提高了 0.33%，但還未就業。且 25-44 歲男性、女性，有就業意願者占潛在勞動力比率，自 1999 年之 10.50%到 2004 年之 14.51%有逐年提高的潛在勞動力，而 25-44 歲長期失業者自 1999 年之 68.16%到 2004 年之 60.40%，雖其比率有降低，但仍在六成以上（行政院主計處，2005），與歐盟長期失業在中高齡有些不同的現象。

2. 國內長期失業實證研究

莊慧玲和徐美（2002）以存活分析法估計失業人口再就業的主要影響因素之實證結果顯示，個人特徵、社經背景與工作搜尋三組變數皆對失業人口的再就業有顯著的影響力。此外，這三組變數對再就業之影響在兩性之間不盡相同，其中社經背景變數的影響在兩性之間比較一致，在個人特徵方面其影響力有些差異，婚姻狀況變數只對男性有顯著影響，教育程度則只會顯著影響女性。工作搜尋變數對女性失業者而言，工作搜尋變數對其再就業沒有影響。因此，女性失業再就業的變數在年齡、教育程度、社經背景有影響。

故，教育程度是影響女性失業再就業因素，於是內政部（2005）提出單親婦女培力計畫，補助弱勢單親婦女就讀大專（學）院校學費、學雜費及學分費，及進修學位期間六歲以下子女臨時托育補助費，鼓勵其取得學位，其目的在於鼓勵單親婦女進修學位，提昇專業智能，促進就業能力，增加社會競爭力，進而獨立自主，自立脫貧。但其補助名額最高以七十五名為原則，在直轄市僅三名，對台灣地區單親家庭估計 28 萬 4530 戶，其中女性占 57.5%（內政部，2001），約 16 萬 3605 戶還是在象徵性的提倡提昇教育程度而已。

第三章　就業保險對再就業者媒合困境

第一節　就業保險對女性失業者媒合困境

一、就業保險與經濟成長

我國開辦失業保險除與失業人口、失業率有關外，最主要還是跟整個國家的經濟成長率有密切的關係，因 1998 至 1999 年正是我國經濟成長率開始滑落的時候（1996 年經濟成長率 6.10%，1997 年經濟成長率 6.68%，1998 年經濟成長率 4.57%，1999 年經濟成長率 5.42%，2000 年經濟成長率 5.86%，2001 年經濟成長率-2.18%，2002 年經濟成長率 3.59%，2003 年經濟成長率 3.24%），勞工保險失業給付就是在這樣的一個背景下所產生的政策，但這樣的政策並沒有使經濟成長率回升，以致於就業保險政策取代失業保險政策，換言之，（石泱，2004：161）我國的就業保險其實是與經濟發展有較密切的關聯，而非與失業率的高低有關。

二、失業給付對女性就業影響

台灣自 1999 年 1 月 1 日開始實施「勞工保險失業給付」，2003 年 1 月 1 日後實施「就業保險」，對失業者照顧從消極的失業給付轉為積極的就業保險，這項就業保險政策對女性單親失業者之照顧，會呈現何種面貌？

台灣對失業者的經濟保障，從失業給付乙項列增提早就業獎助津貼、職業訓練生活津貼，及全民健保保費補助等四項，其內容均

較重於失業期間的經濟支持，較少於重謀職者的技能培訓與就業市場的媒合。雖領取失業給付者，每月均需要接受認定乙次，並接受深度的就業諮詢，如 1999 年安排職訓人數 27,065 人，失業給付 150 人；2003 年安排職訓人數 34,502 人，失業給付 5,746 人，可知領取失業給付者接受職業訓練與就業輔導的比例並未占大多數。足見，輔導就業等治本工作應加強辦理（陳琇惠，2005）。失業保險修正為就業保險，其目的在強調事前預防而不是強調事後補救措施，讓失業者早日脫離失業的困境。

三、保留薪資概念影響

石泱（2003）評估我國就業保險政策，發現：我國就業保險政策較強調對失業者經濟上的協助，而甚少針對其工作技能進行培養；另外，政府所發放的失業給付並不能對失業者提供實質的幫助，反而會造成失業者的福利依賴性。此結論與工作搜尋理論非常強調勞工個人心中之「保留薪資」對其做「工作搜尋」的影響，而失業保險金額的高低，也會間接影響失業勞工個人心中之保留薪資，可能使其有失業保險金的支持而不去做工作搜尋，寧願選擇繼續失業的想法符合。

四、保險制度應對不同人口群給付

就業保險制度從性別特質來分析，陳琇惠（2005）研究指出：台灣女性遭逢非自願性失業，且遭逢失業威脅年齡亦比男性年輕 4 歲，各項保險給付的核付率女性雖均高於男性，惟因投保薪資偏低，致保險給付金額低於男性，因失業所造成家庭經濟安全的威脅較男性更為嚴重，尤其對女性單親家庭的家庭經濟威脅更大。故，台灣就業保險制度應對女性不同群體失業人口而有更精緻的給付

設計，包括申請資格和給付水準的調整，而不是採取齊一式的發放標準，否則易造成另一種不公平的現象，因此，建議增列促進女性就業的補充給付，如雇主僱用女性工作者之補助，僱用長期失業女性之補助、工作場所托兒設施補助及扶養未成年子女之補充給付等（陳琇惠，2005）。這項建議是否可行？有待婦女促進團體之倡導。

五、就業保險與社會福利制度銜接

　　失業不僅是台灣的問題，更是全球化的議題，且許多先進國家失業問題比台灣更嚴重，我們可從其豐富的處遇經驗──歐盟國家為例之「歐洲就業策略」（European Employment Strategy，EES），解決就業問題的策略從創造就業機會與社會凝聚力是同時兼顧的議題，值得我國借鏡。

　　失業問題不僅是經濟問題，更是社會與政治的問題。且世界各國面對失業問題的因應方式不同。Gallic & Paugan（2000）參照 Gøsta Esping-Andersen 的福利體制概念，從失業給付範圍（coverage）、失業給付的水準（level）與期間（duration）、及積極的就業政策（active employment policy）等三方面，提出歐洲就業保障之福利體制四模式：次保護體制（The sub-protective regime）對失業者維持一個最基本的生活水平，只有少數的失業者得到給付，且給付相當低，積極的就業政策幾乎不存在；自由／小干預體制（The liberal/minimal regime）會對多數失業者提供給付，但給付額度低，也沒有太多的積極性就業政策；就業取向體制（The employment-centered regime）對失業者所提供的給付高於前兩種體制，且有積極性的就業政策讓有工作能力的人留在勞動市場中；普

及式體制（The universalistic regime）對所有失業者提供給付，且給付額相對的高，並且有積極性的就業政策。

張志銘、張英陣（2003）研究提出，我國就業保障與 Gallic & Paugan（2000）所說的普及式體制模式有一段差距，但漸擺脫次保障體制的模式，而近期的發展傾向於自由／小干預體制與就業取向體制。雖我國的失業較其他先進國家為低，但因失業率而提高市政府關切的議題，尤其是中高齡、青少年、原住民及弱勢婦女的就業困難與先進國家相似。且我國的就業體制比較期待是自由／小干預體制與就業取向體制。因此，張志銘、張英陣等人建議我國可參考英國與荷蘭的促進就業經驗，即「整體性的策略」（comprehensive strategy）或「啟動」（activation）的策略，鼓勵失業者能儘速回歸正規的勞動市場。

辛炳隆、吳秀玲（2002）對當前台灣失業問題之因應對策，提出九點建議，其中有兩點目前為改進之處，由勞委會主辦：1.強化就業服務體系：提昇就業服務人員素質及強化失業認定功能；結合民間就業服務體系，有效發揮就業服務的功能；整合就業服務體系，提高公立就業服務體系的績效（青輔會、退輔會共同協辦）。2.強化職訓體系：建構競爭的公共職訓市場，以改善公共職訓機構之經營效率；增加公共職訓的可近性與機動性，以提高勞工參訓意願；審慎推動公共職訓地方化，以因應產業區域化發展的需要。

第二節　我國經濟安全措施

一、中央政府

　　1960 年代以來，失業問題逐漸成為許多國家的社會問題，如何促進勞工就業已成為各國公共政策的焦點之一。其中又以北歐福利國家所採行的積極勞動市場政策（Active Labor Market policy，ALMP）最為學界所關注。積極勞動市場政策就是透過政府積極介入勞動市場，達成透過更有效的媒合機制增加就業，減少失業及職缺，對於勞動市場各團體間的就業機會重新分配、促進失業者就業，增加勞動供給與透過工作補助增加就業減少失業的效果（De Koning，2001）。

　　台灣在 1960 年公佈實施獎勵投資條例，有陸續設置許多加工出口區，以低廉的勞動力吸引外資來台投資，相對而言也創造不少就業機會。1970 年代發生兩次石油危機，引發台灣嚴重的通貨膨脹，1973 年政府推動十項建設、十二項建設，再次創造就業機會，加上以出口為導向的經濟策略實施成功，國民所得增長幅度反而大過通貨膨脹的速度（林鍾雄，1991），因此，此時失業率大約在 1%-2%左右。

　　1980 年代，由於經濟高度成長，工資相對提高，台灣失去低廉工資的競爭優勢，加上對外貿易出超過大，人們寧願儲蓄不願投資，又人口激增，使得工作機會減少，經濟漸入衰退期（林鍾雄，1991），此時失業率在 1%-3%間擺蕩。1990 年後，企業開始出走國外（東南亞、中國大陸），使得勞動市場的工作機會減少，且勞動市場轉向高科技產業發展，一些原先在傳統產業的勞工因關廠歇業

或企業出走而被迫失業，加上教育普遍提高，高學歷者多於勞動市場的需求，也產生高學歷高失業率的現象。

　　近年來，我國的失業問題以結構性失業為最嚴重，因關廠歇業而失業的人數占總失業者的比例從 1981 年的 8.9%至 2001 年的45.9%，而一般人在失業時通常會透過許多管道尋找工作，包括政府職訓就業服務機構、人力資源網站、報章雜誌、親友師長介紹等，但於失業期間的經濟保障部分，除依靠資遣費或是平時儲蓄外，最重要的經濟來源是就業補助金及勞工保險失業給付。總之，從台灣歷年來的失業狀況可發現，失業率攀升常伴隨著人口激增及國際一些重大事件，但政府不斷地增加公共建設來創造就業機會，雖失業嚴重，但還有辦法解決。直至 1990 年至今，關廠歇業及企業外移，致使國內勞動市場工作機會銳減，失業率有逐年升高的趨勢（陳威嘉，2004）。故，上述了解台灣過去不同時期的失業狀況，可發現，環境因子占大部分原因，而失業給付也是眾多環境因子之一。

　　台灣地區自 1996 年失業率突破 2%以後，失業問題開始成為政府沉重的負荷，自 1999 年開始，失業率持續惡化，長期失業問題逐漸浮現。近年來失業所成長的長期失業者主要集中在男性、低教育程度、中高齡、已婚者、非自願失業者及工業部門藍領勞工（劉文浩，2004）。但 2004 年無子女之女性參與勞動率為 69.37%，家中有三歲以下子女者，女性勞動率 51.42%，相較於 2000 年 48.73%有提高，2003 年曾因結婚及生育離職中，現在沒有工作者占十五歲至六十四歲已婚女性的 49.46%（行政院主計處，2005）。顯示女性嚴重缺乏再就業管道。

　　無論男女性在失業率提昇的現象中，政府仿歐盟就業策略——促進勞工就業能力（improving employability）、發展新企業文化（developing entrepreneurship）、促進適應性（encouraging adaptability）、強化就業平等（strengthening equal opportunities）為行動計畫的四個策略主軸（EUb，1997），陸續推出「永續就業工程」、「多元就業方案」、「微型企業」、「飛雁專案」等就業方案，以提高國民就業、創業機會管道及提昇經濟發展，其成效如何？經學者專家研究發現，臚述如下：

(一) 在永續就業工程方面，大多數執行單位對「永續就業工程」政策評價均表認同，我國 2001-2003 年執行「永續就業工程」共 1,391 項方案（宜蘭縣 165 件，高雄縣 118 件，基隆市 103 件，南投縣 102 件為最多），核定方案以社會型為最多（占 70.9%），初期未分型（17.2%）次之，經濟型（11.8%）最少。比歐盟 81 項方案為多，歐盟的方案執行單位全部為第三部門，執行地點集中於高失業率及勞動與經濟條件較差的地區，所需經費共計 3,500 萬歐元（約折合 1998 年幣值 3,125 萬美元），其中 45%係來自歐盟之「歐洲社會基金」，民間 55%捐助；我國以地方政府（55.4%）為主，第三部門為輔（44.6%），且由全國各縣市一併執行，核給失業率較高的縣市有較高的配額，我國所需經費 39 億台幣（折合 2002 年幣值 11,331 萬美元），約為歐盟所花費金額的 3.6 倍（曾敏傑，2003）。賴佩君（2003）研究建議，永續就業希望工程方案的規模及品質應嚴格把關，以品質取代數量，更應照顧到偏遠地區，而非將方案集中在都市地區，可仿效歐盟將方案內容著重在創造性就業方面，加強第三部門功能，並在審議過程中應建立評鑑、督導機制，以消滅外界聲浪，讓台灣永續就業希望工程達到「永續及希望」（賴佩君，2003）。

歐盟採第三系統運作模式，此模式多半由地方主導的第三
系統計畫，具有高度多樣性，其組織在運作上擁有組織經
營企業化、建立夥伴關係，密切與私人企業和地方政府合
作、採用民主化由下而上的決策方式、社會支持、建立社
會網絡等特性（Borzagz，Olabe and Greffe，1999）。故，此
方案執行方式與歐盟針對第三系統的運作模式是不同的。

(二) 多元就業方案方面，1996 年開始，台灣經濟就業情勢開
始出現新的一波失業潮，特別是高昇的結構性失業現象
（李誠，1996；引自徐淑敏，2005）。歐盟「ALMP」（Active
Labor Market Program）──「積極勞動市場政策」，此政
策對於改善資格較差的求職者及長期失業者而言，是尤其
適當的工具（OECD，2001）。台灣之九二一地震對就業
與經濟造成相當的壓力，當時執政者參考歐盟「ALMP」
推動災區重建「永續就業工程」計畫、「以工代賑」方案
及「臨時工作人力運用計畫」（呂建德等，2003），以臨時
工作津貼方式提供當地政府、民間組織及非營利組織團
體，協助政府執行災區重建工作。此一系列之就業機會開
發計畫實施 4 年多以來，誘發民間團體與政府共同參與創
造 5 萬餘個工作機會（行政院勞工委員會，2004）。
2002 年 6 月行政院勞委會網站公佈「多元就業開發方
案」，並將此方案分為三種，分別為「企業型」、「社會型」、
「經濟型」。所謂「企業型」是結合企業單位，激發雇主
僱用意願，開發工作機會，使失業者直接學習職場工作經
驗及技能，強化其就業能力，計畫結束後能獲得雇主僱用
機會，達成重返就業市場之目標。「社會型」是結合政府

部門及民間團體，提供具有勞務價值之工作機會，使參與計畫之失業者對地方公共利益貢獻個人心力，在工作中重建自信心，並達成提昇生活環境，增進社會福祉之目標。「經濟型」是結合民間團體，依據地方發展特色，辦理具有財務收入機制、產業發展前景之計畫，培養失業者再就業能力，期在補助結束後，仍能持續經營並具產業植根、地方發展之目標。這三種類型主要核心價值在於促進就業。參與「多元就業方案」之婦女，有三個主要障礙：單親婦女因家庭因素，工作上有障礙；政策面無法持續性，造成工作人員心理負擔及認同感；工作價值觀與原住民天性先享樂後付費之不穩定情緒造成工作人員惰性。但也有正面的影響：失業者技能提昇、單親失業者學習多元工作技能且重拾信心、參與方案時間彈性化、單親失業者改善了家庭經濟（徐淑敏，2005）。因此，多元就業方案對於失業者調整其對失業危機有拾回信心及解放的功能。

(三) 微型企業方面，微型企業係一種以獲得營業收入為動力的自營工作者（self-employment）的營運模式，提供貧窮人為主要生產與營業者的服務或製造的商品（Sharma et al.，Geroy et al.，2004）。APEC 微小企業高階會議將微型企業定義為員工 5 人以下，包括自營工作者（self-employed）及一人公司（one-person operation）等的企業（行政院青輔會，2004）。此外，「中小企業認定標準」第三條的規定，所謂小規模企業有兩個範疇，一為製造業、營造業、礦業及土石採取業中，常僱用員工數未滿 20 人者；另一為農林漁牧業、水電燃氣業、商業、運輸、倉儲及通信業、金

48　女性單親家庭就業培力與服務輸送機制之研究──以台北市為例

融保險不動產業、工商服務業、社會服務及個人服務業經常僱用員工數未滿 5 人者。經濟部中小企業處於民國 91 年訂頒之「微型企業創業貸款要點」規定，微型企業是指依法辦理登記的專業組織，不分行業，員工數未滿 5 人者之企業（經濟部中小企業處，2002；林淑慧，2005）。

政府輔導國內中小企業以創業成長發展園地為願景，採「營造優質中小企業發展環境」、「提昇中小企業科技資訊應用能力」、「強化中小企業經營輔導功能」、「整合中小企業財務融通機制」、「建構中小企業創業育成平台」方法，並建構完整的中小企業服務網絡──各縣市政府中小企業服務中心、工商團體聯繫與強化服務功能、中小企業榮譽指導員制度、中小企業融資服務窗口、虛擬網路服務窗口、馬上解決問題中心等服務輸送機制運作，促進我國中小企業蓬勃發展。目前我國中小企業 1,164,009 家占全部企業之 97.80%，就業人數 7,553,000 人占全部企業之 77.18%，受僱員工人數占全部企業 68.74%，銷貨額占全部企業 30.60%，內銷值占全部企業之 35.82%（林貴芳，2005）。故，輔導監督的服務網絡機制是很重要的。

根據行政院主計處（2005）統計，男性勞動參與率創 24 年來歷史新低，從 1980 年的 77.11%降到 2004 年的 67.78%；同時期，女性的勞動參與率卻創歷史新高，從 39.25%升到 47.71%。女性勞動力上升仍不夠快速的主要原因是料理家務，占女性非勞動人口的 68%以上。但女性的成績是不可忽視的，台灣女性不只在就業數量大幅增加，掌握權力的影響也快速成長。行政院主計處（2005）資料顯示，現在台灣每 5 個企業家主管、經理人或民意代表，有一位是女性，擔任有決策權工作的女性人數達 7 萬人。且楊敏玲（2005）

參與開創女性微型的推動經驗指出：「創意世代、玩創意、拚創業
──年輕女性創業意向調查」發現五種趨勢，上班族女性近九成想
創業；愈年輕愈勇於追求自我實現（25 歲-30 歲），想創業的原因
在於「成就夢想自我實現」；休閒生活產業、網路事業是創業首選；
懂得借力使力尋求資源；和志同道合的姊妹一起圓夢。故，地方上
的微型產業要能起色，必須將傳統產業加上年輕人的創意，方有可
能創新持續地方微型的產業的落實。

　　中華民國台灣地區人力運用調查（2003）的資料顯示，女性雇
主比重由 1978 年的 10.15%提高到 2003 年的 15.14%，女性雇主的
人數由 2 萬人增加到 9 萬 2 千人，女性自營作業者比重也由 1978
年的 15.79%提高為 2003 年的 22.00%，人數由 21 萬 7 千人提高到
32 萬 6 千人，可見女性創業的比重愈來愈高，女性創業者在經濟
體系的重要性逐漸提高。2003 年台灣地區由女性擔任負責人的企
業有 394,245 家，佔全體企業的 33.87%，但營業額僅 3 兆 2,866 億
元，只占整體企業的 13.07%，對整體經濟體系的貢獻低於二成。
女性企業營業額規模小，主要是因為女性企業資本額規模在 100
萬元以下的家數達七成以上，且多獨資為主，經營服務業的比率占
73%以上，在內銷市場擁有 14.58%的市場占有率，出口市場 8.62%
占有率，可見女性企業的營業範圍偏重於內銷市場。故，女性企業
創造 10 萬 9 千人的就業機會，不可不謂為一種對女性穩定所得的
貢獻。

　　成器（2005）曾在印度達立婦女新希望一文中，指出南亞海嘯
中貧苦者，凡通過審核後，就可以跟 NSM 貸款 2 至 5 千盧比（1
盧比=0.75 台幣，台幣 1500-3750 元）而能另闢生機。凡新加入 SHG
互助小組婦女，NSM 在三個月內會給予適切的訓練和審核，訓練
課程包括：如何選擇合適的行業、怎樣經營、面對顧客的技巧等實

用課程。可見，職前專業訓練對脫貧計畫是有幫助的。因此，女性單親對微型企業是可嘗試的，也是可行的就業管道。

二、台北市政府

　　台北市截自 2004 年 4 月底止，共有低收入戶 14,207 戶，其中男性單親低收入戶有 1,279 戶，占全部戶數為 9%，女性單親低收入戶共 3,063 戶，占全部戶數之 21.5%，且父母離婚後未成年親權（或監護權）為父者占 42.95%，為母者占 42.46%（內政部戶政司，2004），但子女與母親住者為最多（內政部，2001），顯示（台北市政府，2005）女性單親落入貧窮機會高於男性單親。內政部 94 年度起實施「女性單親培力計畫」，40 歲以下女性單親補助其就讀大專（學）院校，以增強其就業能力。以下說明台北市政府與民間單位如何推動脫貧方案，以維護經濟安全需求。

　　台北市政府於民國 88 年 12 月起推動「台北福利聯合國」方案，結合民間資源參與福利服務，至民國 92 年 12 月底共結盟 300 個企業、團體、醫院、基金會等單位，整合運用人力、物力、財力共130,000,000 元，並於民國 92 年 12 月 29 日辦理四週年慶活動。為提供其基本生活所需輔導改善生活情況，透過對貧困市民之社會權（生存權、健康權、住宅權、工作權、財產形成權）保障，以協助其脫離貧窮，辦理各項措施諸如生活經濟扶助、提供低收入戶及中低收入戶市民醫療補助、低收入戶家庭居住服務、提供低收入戶家庭兒童及少年就業支持方案、研擬「低收入戶家庭經濟改善方案」，諸如「家庭發展帳戶專案」、「台北市出人頭地發展帳戶專案」、「台北市樂透圓夢創業計畫第一梯次」、「台北市飛鳳計畫」等（台北市政府，2004），並提出以資產累積之貧窮對策觀點，實施家庭發展

帳戶專案、出人頭地發展帳戶專案、特透圓夢創業計畫（謝宜容，2005），其成效如何？

(一) 在「家庭發展帳戶專案」方面，參與「家庭發展帳戶專案」中有 22 名離婚者，占 69 名之 31.88%。至專案結束止，69 名參與者共儲蓄 9,831,026 元（尚不包括相對配合款）。達成專案目標：已購屋者 12 人、已創業者 23 人、子女已進入高等教育者計 28 人、整體使用用途達成率為 91.30%（首度購屋 14 名、小本創業 24 名、高等教育 31 名）；截至 94 年 3 月止已有 38 人已非低收入戶，脫貧率 55.07%。

(二) 在「台北市出人頭地發展帳戶專案」方面，參與出人頭地發展帳戶年齡在 16-18 歲者共 6 名，占參與者 79 名之 7.59%。本方案參與者共 79 名（截至 94 年 3 月 31 日止），辦理 14 堂教育課程，79 名參與者共儲蓄 5,625,252 元（尚不包括相對配合款），已完成五本書之心得報告撰寫、進行寒暑假工讀、完成四梯次專案參與者成長工作坊、完成第一年之 72 小時之公共服務時數，93 年 9 月邁向人生不同階段部分：16 人考上學校（大學、研究所），4 人進入職場工作，2 人入伍。

(三) 在「台北市樂透圓夢創業計畫第一梯次」方面，參與此項計畫共 6 名，創業屬性以小吃、小商行為主，諸如麵店、小餐館、鍋貼店、涼麵店、豬肉攤等；貸款金額大多為 60-80 萬元；歇業有 1 名。參與樂透圓夢創業計畫共 6 名，女性占 4 名（66.67%），離婚 2 名（33.33%）。

上述脫貧專案說明了政府協助低收入戶向上流動機會，使其第二代子女有機會得到公平受教育機會，並改善家庭生活品質。但在推動過程中曾遭受困境與質疑。因服務對

象：低所得者常在脫貧與繼續接受扶助間拉扯；參與者較難擺脫舊有觀念及本身主觀意見，缺乏現實感；參與者缺乏未來觀及不善於運用資源。在組織部分：專案需要較穩定的輔導人力（人員的異動將會影響專案之穩定度）；專案為精緻人力之性質，在成本效益上較為昂貴。在環境部分：低收入家庭的儲蓄能力曾遭質疑；專案是全國首創之方案，無經驗可參考，這種新思考方向民意機關及社會大眾接受度較低。

(四) 在「台北市飛鳳計畫」方面，本計畫在於結合政府及民間資源，促進婦女能力發展，開拓婦女就業及工作機會，並完成社區互助產業，其執行重點為──就業觀念宣導、加強婦女職業訓練、加強婦女就業輔導與就業安置、婦女就業輔導、推動社區互助產業。因此，台北市政府推動 1.拓展婦女就業機會：與自來水處合辦社區抄表專員方案、開拓兒童放學後至家長回家前特殊時段家事服務人力、外籍配偶通譯人才培訓方案；2.推展社區互助產業：92 年協助 8 個社區發展協會辦理長者供餐、文史導覽等互助方案；93 年擴增 14 個社區參與，成立中央廚房自行烹煮、結合自助餐業或機構（如醫院或政府部門伙食）等多元模式提供長者供餐服務，此項工作除達成社區互助目標外，也提供弱勢婦女返回職場前的準備；3.鼓勵及補助民間團體投入飛鳳計畫，辦理協助婦女就業方案，諸如奇岩社區發展協會研發「北投特產──陶版手工藝品、健康食品」等，提供婦女二度就業。

以上脫貧計畫中，也實施「以工代賑」方案，雖有正面效果，分別為人際關係的拓展、家庭收入提高、工作帶來個人尊嚴等，但

此方案對於有工作能力意願的低收入戶，是比較缺乏積極輔導與激勵自主的相關配套措施設計（王菁菁，2005）。或創業計畫，都能促進女性就業機會，但93年度還是有19千人失業，按年齡觀察，其中以45-65歲之中高年失業10千人及25歲至44歲之壯年失業人數30千人；而有女性574千人為非勞動力，較上年減少2千人（0.35%）。93年度，求職女性有26,250人，其中負擔家計婦女1,140人，占23.91%，僅404人（35.44%）被就業安置（台北市勞工局就業服務中心，2004），台北市女性失業以25歲至44歲為最多，且需負擔家計婦女未被就業安置達六成以上，是否與提供專業服務單位無法以單一表單，以條列式服務需求勾選，縮短需求者填寫時間，使個案需求明確呈現，並在一天內完成各項求職甄選審查，達到一次申請，獲得「套餐式」的多項服務，而影響女性單親申請就業意願？還是因行政主管單位負責人對各機構間的整合協力不足？值得進一步探究。

第三節　職訓與就業能力

一、職業訓練

北歐各國在積極勞動市場政策下，透過職業訓練達到勞工技能的提昇或促使勞工順利轉業是重要的機制。我國職業訓練組織架構在政策規劃方面屬分散型的中央集權制，但在中央政府層級並無單一權責部會，是由各部會依其需要自行訂定執行各項職訓方案。雖依據職業訓練法，勞委會是職業訓練的主管機關，實質上無任何統合管控的權力。在此種情況下，部會之間的整合只能靠行政院核定

之各種與人力資源相關的方案，如「職業能力提昇方案」、「科技人力培訓及運用方案」等事後的管考，無法作事前統合規劃的功能。

在規劃國家整體職訓政策必須參考的基本資料，如全體訓練經費、訓練類別與區域分布、訓練人次等，因各部部會無統一的資料傳輸而未能有定期的產生。近幾年來，教育部與相關部會已就這樣議題有所回應，包括推動「最後一哩」（last mile）計畫、彈性調整學程以配合產業需求、與勞委會合辦就業學程計畫、與經濟部合辦碩士級產業人才回流教育等，但專家學者及企業領袖認為現行教育體系，尤其是技職體系在提昇職能方面還需加強。

在職業訓練的政策執行方面，有些部會設有職訓機構，如勞委會職訓局、內政部、退輔會等，但這些公設職訓機構的訓練容量不足以滿足社會需求。因此，有些執行工作直接委託民間單位辦理，或補助縣市政府委外辦理，而未設職訓機構的中央部會，其所規劃的職業訓練全部委外辦理。目前除北高兩直轄市設有職訓中心外，其餘各縣市大多只能配合中央部會的要求。

Gasskov（2000）歸納分析各國職業訓練整合相關部門功能策略有三：一為，將所有技職教育與職業訓練活動交由同一政府部門辦理；二為，將全國的技職教育與職業訓練之監督功能指定給單一機構，而此機構必須保證並控管所有政府部門資助之各項計畫的品質與單位成本；三為，建構全國性的職訓市場，讓隸屬不同政府部門職業訓練提供者在該市場中彼此競爭，再利用競爭結果引導部門之間的分工。上述三項策略，我國不僅各政府部門自行辦理相關職業訓練活動，亦無單一機構可負責監督這些活動，更嚴重的是我國職訓市場競爭機制還不足以反映不同部門在辦理職業訓練之相對優劣勢，進而發揮分工整合的效能（李城、章炳隆，2005：7-8）。

以下說明我國職訓行政體系、職能訓練課程、職訓財務機制、企業對職訓支持程度、參訓者特性、參訓機構及課程選擇的狀況：

（一）職訓行政體系

　　從圖 3-3-1 理解我國職業訓練規劃之行政體系在行政院之下，以經建會為總體政策方針制定單位，政策執行則以各部會之職權管轄範圍劃分，主要訓練業務以勞委會與經濟部為主。在提供訓練方式方面，以專班委訓為主要方式，透過公開招標，將訓練計畫委託民間單位辦理。此外，有許多方案以經費補助方式鼓勵民間辦理訓練課程，並以職業訓練券作為職業訓練補助型態。

　　職業訓練課程領域牽涉範圍相當廣泛，現行以訓練內容分權責單位的規劃，藉由該機關對其領域之了解設計較適合的訓練課程。目前總體規劃由經建會執掌，雖能兼顧訓練資源分配，但政策的具體措施部分由各部會執掌。這種部會間功能重疊，權責混淆現象是我國行政體系長久以來的通病（何鴻榮，1995）。從資源分配角度而言，各部會可能基於官僚體系本位主義鞏固本身業務領域特性，而爭取與本身業務相關的方案，這將會造成部會間彼此合作的阻力（Downs，1967）。公共職業訓練政策資源分散問題，在現今權責劃分不清的行政體系中是必然的現象，此問題除透過行政組織的改造整合外，現階段跨部會的合作是刻不容緩的。

　　執行面之課程執行與規劃，則因各部會考量因素不同，使得訓練課程單位、型態、招訓方式較為多元。近年來勞委會職訓局雖設立「職業訓練網」統合相關訓練資源，但資料的完整性與正確性仍有待加強。同時，各部會自行辦理職業訓練，其成效評估較著重個別領域之分析（黃奕嘉，2004）。故，缺乏總體角度的探討，而產生對未來訓練規劃的盲點。

　　我國職業訓練資源雖已由經建會統籌計畫與協調，但僅限於政策的規劃與權責劃分的層次，政策之執行則由各部會自行負責。從總體資源配置角度來看，現行體制已能將人力規劃政策細分為較具體的方案並由適當部會執行，但具體訓練課程之資源整合仍缺系統性機制，對培訓人力方案功能與性質均不同，但轉化為具體訓練課程時，部分屬通用技能課程可能出現重疊現象，此外，按個別方案辦理之機制對各區域間訓練資源分配的掌握能力也會較弱（黃奕嘉，2004：41）。故，總體訓練資源整合外，執行面之具體課程的跨部會整合協調機制要更健全，方能促進總體職業訓練規劃系統化。

（二）職能訓練課程

　　針對訓練課程的研發，職訓局曾於 1994 年至 1997 年委託中華民國職訓研發中心辦理「推動職業訓練採用能力本位訓練方式施訓實施計畫」。所謂能力本位訓練課程發展是選擇就業市場最需要的工作進行工作分析，其作業方式是邀請各行職業企業單位中優秀的現場作業人員與管理者參與，以腦力激盪方式分析該行業目前的工作內容與未來的趨勢，並據此建立其所需的能力目標。

　　能力本位訓練課程強調個別化學習，而其客戶導向的組合設計可滿足就業市場多樣化的特質及促進就業的機動性需求，所以，美、日、德、英、澳等先進國家皆已採用這種模式，而我國最近亟欲推動的職能標準也與這種模式類似（李誠、辛炳隆，2005）。

　　所謂核心職能（core competencies）係指許多職位或整個組織所共通的職能，包含跨領域所需要的知識職能（knowledge competencies）、動機職能（driving competencies）及行為職能（behavioral competencies）（賴秀真，2005：34）。一個員工沒有這些核心職能，將無法勝認他的工作，也難以發展與其他相關的特定

職能（specific competencies）。因此，核心職能對每一位工作者是
基本的重要職能。

　　依據勞委會職訓局（2005）之「全民共通核心職能課程」訓練
計畫，核心職能課程三大課目之一的動機職能，細分為 3 個基本課
程，分別為 1.工作願景與工作倫理（5 小時），2.群我倫理與績效表
現方法（6 小時），3.專業精神與自我管理（5 小時）。之二的行為
職能，細分為 1.職場與職務之認知與溝通技能（6 小時），2.工作團
隊與團隊協作方法（5 小時），3.工作夥伴關係與衝突解決能力（5
小時）。之三的知識職能，細分為 1.環境知識的學習與創新（環境
知識之開發）（5 小時），2.價值概念與成本意識（客觀知識之開發）
（5 小時），3.問題反應與分析解決（解題知識之開發）（6 小時）（賴
秀真，2005：35-37）。上述課程規劃，著重在知識職能、動機職能
及行為職能，亦即核心職能──跨領域共通的職能是每一位工作者
最基本的重要職能。

（三）訓練評鑑模式

　　根據美國訓練發展學會（1998）所發佈的全國人力資源報告
（National Report on Human Resource）中提出，有九成的美國企業
組織評鑑部分訓練課程，其中約六成七企業採 Kirkpatrick 的四層次
之訓練評鑑模式（蔡錫濤，2000）。到目前為止，Kirkpatrick 的四
層次之訓練評鑑模式，最經常為企業和專業人員所採用（李隆盛，
2000；余源情，2004：2）。

　　Kirkpatrick 模式中的四個層次是感受（reactions）、學習
（learning）、行為（behaviors）、與成效（results），其重心分別是
學習者對訓練課程的反應，能力之取得，工作行為的改變，訓練後
員工行為對組織策略目標達成的影響等四方面（引自李芳齡譯，

2002：243-244）。在實務上，大多數的企業僅止於感受評鑑，僅在訓練結束後實施問卷調查，了解受訓者的滿意度，作為日後改進參考。此外，實施學習評鑑的企業不多，而一般企業專業訓練人員有能力進行行為評鑑的更少。Kirkpatrick 本人建議只要測量到行為層次即可，若無法考慮訓練目標與訓練評鑑專業能力，勉強實施訓練成效評鑑只是徒增成本的浪費（簡建忠，1994：32-33）。

　　實務操作上，「國內高科技產業教育訓練制度現況調查」發現，約有八成企業進行訓練評鑑，其中實施感受層次評鑑企業有五成九，實施學習層次有四成七，行為層次有五成一，成效層次有近二成（黃同圳、許宏明，1995：29-35）；至於服務業訓練評鑑實施層次的影響因素發現，在組織環境與訓練單位顯著影響因素中，包括「訓練單位主管態度」、「預算刪減與廠場集中」、「最高階經營者支持度」等，其中「訓練單位主管態度」與感受、學習、行為與成效評鑑之實施皆有顯著影響。具備行為、成效評鑑能力之企業，其訓練評鑑實施程度較高，在訓練專業人才具備評鑑感受能力者達100%，具評鑑學習能力者達 86.8%，具評鑑行為能力者達 39.1%，具評鑑成效能力者達 18.5%，可見訓練人員所具備的評鑑知能仍嫌不足（余源情，2004）。故，評鑑專才是企業實施行為、成效評鑑最感困擾的項目，提高訓練專業人員之評鑑專才是很重要的。

（四）職訓財務機制

　　職訓體系的財務機制可分為收入與支出部分。在收入部分，則需釐清政府、企業與勞工三者的財務責任。就支出經費而言，目前國內無資料可完整統計所有政府單位對職業訓練的支出金額，惟據經建會統計過去三年來政府相關部會與北高二市每年花在培訓經費大約 28 至 30 億元，政府承擔財務責任的方式除全額或部分補助

勞工參加政府或民間職訓機構辦理的訓練外，對企業辦理的訓練還提供現金補助與租稅減免。

　　根據勞委會 2000 年的調查，國內有辦理職業訓練的家數比例為 13.81%，其中有 2.69%接受政府補助，利用職訓支出抵減營利事業所得者有 11.11%。雖整體比例不高，但以廠商規模區分，中大型企業接受政府補助或有抵稅的比例則勉強高於上述平均值（500 人以上民營企業有政府補助的比例為 15.36%，有抵減營利事業所得的比例達 55.80%；29 人以下民營企業接受政府補助有 1.94%與有抵稅的 8.77%），由於企業規模愈大，愈有能力支付訓練費用，且投資人才培訓的效益也愈大。

　　勞委會（2001）對國內就業調查，當年有接受職業訓練的比例為 14.2%，不論哪一類訓練，全部公司負擔的比例皆有五成以上，其中（84.5%）「專業知識或技能」與（86.3%）「業務管理或領導統御」類由公司負擔比例明顯高於其他類別，反觀全部由勞工個人自付，除「取得技術證照或公務人員資格之訓練」（35.2%）與「語文」（29.4%）類外，其餘均在二成以下。故可見，國內勞工在職業訓練所承擔的財務責任並不高。

　　從改善整體勞務素質及厚植國家產業競爭力角度而言，政府對於職業訓練的投資是有其必要性，且相較於 OECD 國家，我國對職業訓練支出金額占 GDP 的比例偏低。從人力資本的角度而言，職業訓練是一種投資，其收益是企業與勞工獨享或共享，因此，訓練費用理應由企業與勞工負擔。（李誠、辛炳隆，2005：15）除非在四種狀況下（1.透過就業市場人員流動或資訊流通，勞工經由職業訓練所獲得的知識與技能會外溢至其他產商的勞工；2.企業與民眾無能力支付職訓費用，而金融市場又欠缺適當的融通管道；3.訓練效益的不確定性過高，必須進行社會風險分攤；4.企業與勞工

資訊不足，無法預知未來產業所需職能），政府不宜承擔過多財務責任。

上述之職訓行政體系，在總體職業訓練資源要整合外，在具體課程執行面則需作跨部會整合協調，促進職業訓練規劃系統化；職業訓練課程，勞委會職訓局已於 2005 年擬定「全民共通核心職能課程」訓練計畫，並提出核心職能課程規劃，以利工作者職能能力的養成；訓練評鑑方面，對學習能力之取得採 Kirkpatrick 模式四層次，而 Kirkpatrick 建議只要測量行為層次即可，但不考慮訓練目標及專業能力評鑑是無法達到訓練成效的，故專才培育很重要；職訓財務方面，從改善整體勞務素質、厚植國家產業競爭力及人力資本角度而言，政府與企業應投資職業訓練。

（五）企業對職訓支持程度

張瑞娥（2004）歸納 Barrett 和 O'Connell（2001）；Bassi 和 Ludwig（2000）；Holzer、Block、Cheatham 及 Knott（1993）之在職訓練實證研究發現，企業辦理的在職訓練多屬一般性訓練，且對於產出都有正面的效果，甚至效益大於專門性訓練，企業也願意支付一般性訓練費用，因勞動市場只有少數的工作需要有特殊的技術（Bassanini.& Giorgio，2003），一般性訓練具有外部效果（Booth.&.Zoega，2003），對雇主而言，一般性訓練有篩選的作用（Euwals.& Winkelmann，2001；引自張瑞娥，2004）。而我國企業雖有四分之三以上支援一般性訓練，但其願意支付專門性訓練高於一般性訓練，其原因何在？這與 Mitchell（1998）認為企業在職訓上關注的焦點是，如何在短期內提昇他們的生產力和改善產品品質的訓練，所以，和只會選擇「專門性訓練」看法一樣，但也可能這與知識經濟時代有關，專門性的訓練可促進知識經濟的發展。

（六）參訓者特性

職業訓練一直是國家就業安全政策中的重要一環，也是就業者增強就業能力的一種方式。從參訓情形來看，黃奕嘉（2004）運用中研院 1999 年至 2002 年「華人家庭動態調查資料庫」原始資料及勞委會「職業訓練網 2002 年課程資訊」為分析資料發現：就業者參加訓練之比例明顯高於失業者，且男性（14.1%）高女性（7.35%），此情形可能與「以男性為主要家計負責人」的社會文化有關，女性在社會被賦予家庭照顧的責任，因此，女性對本身職涯發展投注的心力較低，也造成較少女性願意投注心力於工作相關的教育訓練。此現象也易使女性於工作職場中處於相對的弱勢。從年齡與性別區分，兩性之受訓比率隨著年齡上升而降低，但女性在 55 歲以上接受訓練之比例急遽下降，此可能也再次反映男性為主要經濟來源的社會型態，女性以家庭為主，較不願於事業上投資太多的精力。故，整體勞工訓練比例隨年齡增加而遞減。

在失業勞工方面，44 歲以下之勞工受訓意願較高，45 歲以上之失業勞工參訓比例相當低。在年齡層上來看，15-24 歲勞工受訓比例較低（43.87%），受訓比例隨著年齡升高，至 35-44 歲為最高點（48.15%），55 歲以上則降至 36.04%，而失業勞工在調查問項為「參訓意願」，而非實際參訓，因此願意受訓比例達七成，但整體而言，仍呈現先上升後下降的趨勢。故，失業勞工願意接受職業教育訓練者屬壯年為多。

從教育程度來看，受訓者大多為大專以上學歷（50.04%），顯示高學歷者可能其資訊的獲得較高。另外，高學歷者所從事之工作需要之技能較高，相對地對職業訓練需求也較大。與劉梅君、蔡青龍（1995）對婦女再就業之研究指出，參訓勞工主要傾向教育程度高、北部地區、鄉鎮發展程度高者；對目前工作者而言，則對資訊、語言及管理的需求較高，此類課程與屬一般性訓練有相同的結果。

（七）參訓機構及課程選擇

在參訓課程及選擇機構方面，整體參訓勞工選擇公營訓練機構，其中以人文藝術類、科學工程類、電腦類為主要參訓課程；在民營機構方面，勞工主要參訓課程在科學工程類、電腦類及商業管理類。但在公營訓練機構有逐年降低訓練比重的政策趨勢下，未來勞工選擇公營訓練機構的機會減少；欲受訓勞工將轉而參加民間辦理之訓練課程，勢必影響民間訓練課程的結構（黃奕嘉，2004）。但失業者在參訓的課程則依序選擇科學工程類（28.00%）、其他（24.00%）、電腦類（20.00%），就業者亦如是（黃奕嘉，2004：49），可見，這與就業市場及能力培訓有關。

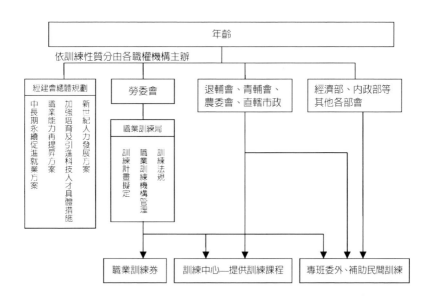

圖 3-3-1　職業訓練行政體系

資料來源：黃奕嘉（2004：40）我國職業訓練規劃暨課程提供模式示意圖

　　婦女從事部分工時工作之普遍性較高，因此，政府未提高婦女之勞動參與率也持續推動「部分工時訓練」，且陸續實施招訓的職業訓練，其職類眾多，包括小吃班、飲料調製班、中西餐烹調丙級證照班、烘焙丙級證照班、生機餐飲班、素食烹調班、女子美容美體證照班、美髮養成班、美工廣告設計班、美容養成舒壓班、家事管理員訓練班、冷凍空調丙級證照班、平面媒體設計班、電腦基礎與應用班、電腦化會計實務班、電腦軟體實務應用班、網頁設計班等（台南市政府，2004；行政院勞工委員會，2005）。雖政府提供職業訓練種類相當多元，但對單親女性而言，其接受職業訓練或學習第二專長之意願，多半仍集中於傳統餐飲產業等相關訓練，對於新興熱門產業（電腦類）興趣意願較少，此種現象，可能與這群低收入戶本身之專業技能與認知有關係（巫懿真，2005：91）。

二、再提昇職業能力

　　隨著知識經濟的發展與全球貿易自由化，國內業者對於高級專業及管理人才的需求逐漸增加，然國內所擁有的勞動力多屬於中級技術人力，預估未來對於高級人力仍將有呈現不足的現象；同時，國內產業結構持續轉型，傳統產業釋出的勞動力多屬低技術、低教育程度之中高齡基層勞工，結構性失業問題逐漸顯現，為提昇就業及失業者之職業能力，行政院經濟建設委員會爰會同相關部會共同研擬（2002，2005）「職業能力再提昇方案」（民國 91-93 年及民國 94-96 年）第一期及第二期計畫。

　　第一期計畫（91-93 年執行）的目的有二：為因應產業結構轉型，提昇知識與創新能力；二為配合生活品質產業發展，提昇就業能力。實際培訓 142 萬 3,914 人次，超過原定目標約 0.7%（141 萬 3,652 人次）。

　　故，在提昇職業能力，更積極的做法是降低勞動市場資訊障礙相關措施，諸如讓長期失業者實際到企業中接觸工作，一來，讓失業者了解雇主的需求是甚麼？自己缺乏甚麼？二來，雇主透過短暫與長期失業者接觸而消除其偏見，並搭配職業訓練措施（Meager & Evans，1997），使雇主再次聘用長期失業的勞工。

第四節　工作價值

　　價值觀是一種抽象的概念，具有認知、行為、情感三個層面的意義，通常是藉著選擇、評價等行為表現出來，也就是個人在評價事物時所依據的標準，學者對價值觀的定義為一種穩定持久的基本信念，是一個人對特定事物、行為或目標的持久性偏好或評斷標準，進而引導個體行為、滿足個體需求（闕淑嫻、鄭晉昌，2005）。

一、工作價值定義

　　工作是個人與現實最強烈的連結，且被認定為扮演生活的重心（Mow International Research Team，1987；England & Harpaz，1990；England，1991）。Rokeach（1973）認為價值觀是一種持久的信念（an enduring belief），是個人或社會對某種行為模式（mode of conduct）或某種存在的終極狀態（end-state of existence）之偏好狀態。而工作價值是從價值觀衍生而來，它與生活的價值有密切的關係（Kinnane & Gaubinger，1963）。且工作價值觀會受社會、文化、性別、經濟地位等變數而產生變化（Boyatzis & Skelly，1990）。闕淑嫻、鄭晉昌（2005）綜合 Kalleberg（1977）、Nord, Brief, Atich & Doherty（1988）、Boyatzis & Skelly（1990）等人意見定義「工

作價值觀」為個體於從事工作時，據以評斷有關工作事物、行為或目標的持久性信念與標準，個體據此表現工作行為、追求目標。

二、工作價值構面

工作價值之構面——成長價值、尊重價值、人際價值、安全價值、組織價值（Super，1970；Zytowski，1970；Rokeach，1973；Miller，1974；Kalleberg，1977；Vaus & MeAllister，1991；王叢桂，1992；吳鐵雄，1996；）及各構面定義如下表：

構面 （Dimension）	構面定義（Defintion）
一、成長價值	
自我成長	工作時希望能獲得新知和自我充實，即能從事富創造性、冒險性與挑戰性的工作（Super，1970；Chapaman，Norris & Katz，1977；Nevill & Super，1989）。
自我實現	工作時不斷能克服困難與解決問題，能達成自己的人生目標或工作目標，充分展現自己的才能和發揮自我的潛能（Gomez-mejia，1981；Super，Dorothy & Nevill，1985）。
自我挑戰	工作時希望獲得升遷及能擔任難度與複雜度高的職務（Chapaman，Norris & Katz，1977；Elizur，1984；Super，Dorothy & Nevill，1985）。
提昇生活品質	工作時能滿足藝術美感，能選擇自己喜歡的生活方式，及提昇生活品質（Super，1970；Super，Dorothy & Nevill，1985；Nevill & Super，1989）。
利他取向	工作時希望能對社會有些意義的事情，能為社會大眾福祉盡一份心力，及能維護社會道德與社會責任（Super，1970；（Chapaman，Norris & Katz，1977；Super，Dorothy & Nevill，1985）。
淡泊名利	個人嚮往與世無爭的生活哲學，不汲汲於名利的追求。
務實穩健	個人實實在在的去做事，才能獲得成功，所以多不空談，也不急於表現。

變通調適	個人認為工作上因事制宜、隨機應變，為求目標完成，應善用方法。
二、尊重價值	
自我尊重	工作時希望獲得自我尊重，滿足個人成就感，如自信心、獨立、成就、責任、自主性等（Super，1970；Chapaman，Norris & Katz，1977；Nevill & Super，1989）。
博得他人尊重	工作時能贏得他人尊重、獲得他人讚賞如聲望、社會肯定（Super，1970；Chapaman，Norris & Katz，1977；Elizur，1984；Nevill & Super，1989）。
影響力取向	工作時希望能領導他人，能對組織發揮影響力如權威、領導取向、影響力（Super，1970；Gomez-mejia，1981；Super，Dorothy & Nevill，1985）。
三、人際價值	
人際倫理	個人認為工作上應重視尊卑長幼的次序，尊重前輩的經驗與教導。
上司關係	工作時希望能與上司建立良好的人際關係，獲得良好的人際互動關係（Super，1970；Gomez-mejia，1981）。
部屬關係	工作時希望能與部屬建立良好的人際關係，獲得良好的人際互動。
人際互動	工作時希望能與他人氣氛和諧（Super，Dorothy & Nevill，1985；Nevill & Super，1989）。
親情關係	希望能在工作上獲取家庭、朋友的支持。
四、安全價值	
工作保障	希望能獲得工作安定且能滿足安全感（Super，1970；Chapaman，Norris & Katz，1977；Elizur，1984）。
規律穩定	工作時能有秩序、有規律的運用工作時間，能按步就班的處理事情及能面對有變化但不致產生混亂的工作，如具變異性的工作內容及工作時間（Super，1970；Chapaman，Norris & Katz，1977；Nevill & Super，1989）。
免於焦慮	工作時希望免於害怕、焦慮、混亂、緊張、危險、威脅（李華璋，1990）。
程序取向	工作內容有清楚的規則與程序可遵守。

五、組織價值	
組織形象	工作時希望任職於良好形象的組織，符合社會潮流，或被文化認可（Elizur，1984）。
組織制度	工作時希望能任職於管理措施、制度、政策完善的組織（Gomez-mejia，1981）。
工作環境	希望在安全、不危害身心健康、舒適、宜人的物質環境下工作，並能服務於交通便利的組織及能獲得充分的休閒娛樂或假期（Gomez-mejia，1981；Super，Dorothy & Nevill，1985）。
組織承諾	為組織福祉，員工願意把有價值的資源投資在組織上，員工願以繼續成為組織的成員，員工對所屬的組織保持忠誠的信念（Super，Dorothy & Nevill，1985；Nevill & Super，1989）。

三、影響工作價值因素

影響工作價值觀因素是多元的，大致可分為個人或非個人因素。個人因素包括性別、種族、年齡、心智成熟度、工作經歷等；非個人因素包括歷史文化背景、社會與工作規範及家庭、學校與就業社會化的過程等（張思綺，2004：7）。

文獻指出，人們會因經過重要的事件而產生轉變（Brett，1982；Krau，1983；Nicholson，1984），如從學校進入社會後對心理健康會產生正面的影響，在工作中獲得財務上及心理上的獨立而意識到自己的貢獻（West，Nicholoson & Arnold，1987；Wanous，1992）。心智的成熟會隨年齡增加而增長，工作價值觀會逐漸由較重視外在工作價值而轉變成較重視內在價值觀（Van der Velde，Van Emmerik & Feij，1998）。西方年輕人在早期失敗的就業經驗，如失業或不被錄用的經驗，均會影響其工作價值（Isralovitz & Singer，1986；Feather，1990；Judge & Bretz，1992）。Loughlin & Barling（2001）也有相同論點，認為早期工作經驗與家庭中父母的工作經驗會對新世代年輕人未來的工作態度、價值觀及行為產生影響。Johnson

（2002）則發現，性別、種族、參與群體、社會出身及早期工作經驗，對青少年先期的工作價值有顯著的影響，所以，早期工作經驗對年輕人的工作價值有顯著的影響。

　　實證研究發現，人格特質可有效預測工作價值，且工作價值會影響工作滿意度（朱慶龍，2003）。許迪翔（2002）研究指出，女性較男性及教育程度高者較低者傾向組織承諾；且工作價值與組織信任及組織公民行為有顯著關聯，越重視「成長」、「公平」，個性越「淡泊」、「務實」的員工對組織越容易產生信任；而是否員工產生「認同組織」、「不生事爭利」、「公私分明」、「自我充實」等行為與是否具有「成長」、「公平」、「淡泊」、「務實」、「變通」等工作價值有顯著的關聯性。

　　製造業員工（邱淑媛，1992）最重視的工作價值分別為工作保障；融洽的工作同伴；公平、體貼的上司；工作情境；好的工作表現受人肯定；個人成長的機會；工作中的成就感；在工作中使用知識、能力；負責任、方便的工作時間、與人交往的機會、從事有趣的工作、在工作中使用知識、能力等是影響工作態度的重要工作價值；工作具有影響力、薪資、工作中的獨立性、為令人引以為榮的公司工作、被人尊敬等是影響工作表現的重要工作價值觀。

第五節　檢視就業服務輸送機制

一、就業諮商與就業安置

　　從就業輔導統計來看，台北市 93 年度簡易就業諮商人數62,518 人，深度就業諮詢 621 人，職業輔導評量 9,567 人；參與公

共職業訓練推介人數 2,125 人，參訓人數 1,829 人（86.07%），核准領取職業訓練券 619 人；個案管理開案人數 10,326 人，就業安置人數 4,034 人（39.07%）；專案管理計開發 3,920 家，開發工作數 10,205 個工作機會，推介人才數 10,819 人，安置就業數 3,245 人（31.80%）（台北市勞工局就業服務中心，2004）。故，就業輔導後，而尚未就業者近七成，其原因何在？

二、企業對女性就業培力低

從政府的人力政策方向及專家學者的研究來看，在知識經濟時代的勞動市場裡，從一般性訓練所獲得的職能，是就業者再學習及永續就業的核心能力。歐美的實證研究證實企業很願意支付員工一般性訓練（語文、電腦資訊、業務管理及領導統御）的費用，因它可提昇員工學習新技術與新知識的能力。但張瑞娥（2004）以實證研究發現，國內企業支付專門性訓練（專業知識或技能、取得公務員資格之訓練）費用的意願比一般性訓練高。而企業支援一般性訓練費用的比例達四分之三，顯示我國企業負擔一般性訓練費用不低，且企業對男性、較年輕及教育程度較低的員工，負擔一般性訓練費用的意願亦較高。故，企業對女性的就業培力意願是較弱的。

三、求職登記服務輸送問題

根據台北市政府（2005）統計年報資料顯示，93 年平均勞動力人口計 118.3 萬人，就業者 113.4 萬人，就業率 95.85%；失業者 4.9 萬人，平均失業率 4.2%（男性失業率 4.6%，女性失業率 3.6%）。在就業輔導方面，求才人數計 61,819 人，求職人數計 47,945 人，求職推介就業人數 15,208 人，求才僱用人數 13,890 人，求職就業率 31.72%，求才利用率 22.47%。且其中女性失業率在教育程度上，

以高職程度 4.3%為最多，次為 3.7%專科程度，3.6%國中程度，3.5%
大學以上程度；在年齡層上，女性在 15-24 歲失業率最高 8.0%，
次為 30-34 歲（5.1%），再次為 25-29 歲（4.6%）。上述得知求職
就業僅三成一，且供過於求的現象，為何求職就業率低？是否求職
輸送過程產生困境？

　　從就業服務輸送過程來看，公立就業服務機構採三合一就業服
務，係因應就業保險法實施，將就業服務、失業給付、職業訓練結
合設立運作，也是簡化服務流程，明確分工，提供需要服務失業勞
工即時且適切的服務。如圖 3-5-1 公立就業服務機構就業服務流程
圖來看，求職者先在就業資訊區由專人協助填妥求職登記表、失業
給付申請表後，抽取號牌至綜合服務區辦理四項工作（簡易諮詢
表、求職登記表建檔、失業給付申請表建檔、失業認定及再認定），
其中簡易諮詢，在於了解工作能力及就業意願提供服務，再由個案
管理員針對弱勢就業者研訂個別就業計畫，並安排職業訓練諮詢評
估、就業促進研習活動或就業推介等服務，當就業服務機構無法提
供相關服務，將立即聯繫社會福利等相關機構協助。台北市就業服
務中心亦採取相同的三合一就業服務模式，藉由推展七個就業中心
工作站「單點登記全程服務」、大台北才庫網站、電話服務中心等
措施，以加強輔導市民就業機能，有了三合一就業服務模式，為何
失業者還是達不到充分就業？

　　在台北市針對特定對象職業重建個案管理系統方面，確定「開
案」後，個管員會對求職者做「需求評估」——職能評估（職業心
理測驗、職業適應評量、職業輔導計畫），再進入「初步安置」，
如有就業準備則「推介媒合」，媒合成功就結案。若未有就業準備，
或推介媒合不成功則進入就業諮商（個別諮商、團體諮商、心理治
療），再次進入發展撰寫及完成個別化就業服務計畫，此時已經有

就業準備，就做配對檢核，配對成功則做就業安置，就業安置後會再做追蹤輔導，就業穩定則結案。這過程從需求評估階段，到諮商發展階段，再到就業安置等三階段，輔導從開案直到就業安置，期間端視求職者的努力與否？但在初步安置計畫或發展撰寫及完成個別化就業服務計畫時，會進行方案執行階段，首先參與就業研習（基礎班、進階班、團輔班），再進入短期安置（公共服務工作、多元就業開發工作、臨時工作津貼），或創業輔導（創業研習班、創業適性評量、創業貸款利息補助、創業顧問諮詢），爾後的職業訓練（公共職業訓練、政府委託民間短期職業訓練、職業訓練券），或生涯轉銜（社會救助、精神醫療、特殊教育、其他）等。故，特定對象職業重建個案管理系統，整個運作系統是完整職業能力鑑定的過程。

　　但當職訓諮詢人員評估適合參加職業訓練課程，經甄選合格後，轉介參加行政院勞工委員會職業訓練局職業訓練中心所開辦之相關職業訓練課程，取得一技之長，再進入職場，這過程需耗多少時日？如果是辦理申請失業給付者，初次認定在第十五日完成失業認定，萬一文件不齊必在七日內補齊；文件齊全者做失業再認定，每月提出兩次求職紀錄。如此登記求職過程，是否使未就業再就業者有意願去辦理求職登記，尤其是教育程度較低之失業女性單親？是否能將求職流程更簡化、更明確地在單一求職表單中，以條列式服務需求勾選，縮短填寫及諮詢審查時間？以利辦理再就業手續。

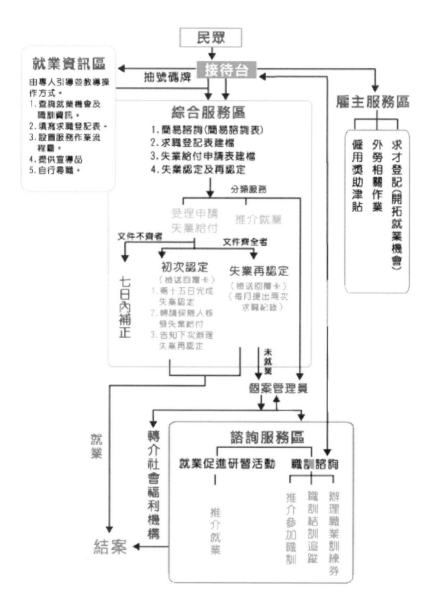

圖 3-5-1　公立就業服務機構就業服務流程圖

第四章　工作福利與資源相關研究

第一節　工作福利

　　西方國家採行的工作福利政策，唯有願意進入勞動市場工作或找工作的失業者或窮人，才能領取所謂的福利。各個國家透過強制社會救助領受者去工作，以工作條件換取社會救助給付的背景，其事實上是隱含著避免社會排除和福利依賴兩個工作福利最重要的精神。台灣採「以工代賑」方案的預期目標可發現，對於低收入戶的輔導要求避免福利依賴是大於社會排除功能（王菁菁，2005）。國外工作福利是為因應貧窮與失業問題，台灣對長期失業或不穩定就業人口未作深入探討，即未針對貧窮但仍有工作能力有工作意願且失業問題作積極性解決輔導。以下就工作福利措施是否能提振弱勢的女性單親再就業機會？或是再次福利依賴？予以探討。

一、工作福利定義

　　工作福利尚未有一致的單一定義，不同國家和不同時間都使用多變的定義（Peck，1998）。「工作福利」一詞的使用至今仍模糊（Standing，1990），原因有二：一為，在不同的政治環境下，指涉不同的政策作法，有些國家認為工作福利是取代無條件的福利給付，必須去工作才可以獲得給付，如挪威民眾認為，年輕的福利領取者必須以工作來交換他們的福利給付，美國有相同的看法。二為，工作福利也同時涉及不同的「政策目的」和不同的「目標人口」，

這使得在學術界上定義工作福利有很大的困擾，究竟應該從「政策目的」（aim-based）還是「政策形式」（form-based）角度來討論工作福利。如以政策目的為主，方案的目標是有多少程度含有懲罰的意圖；若以政策形式為主，則忽略政策目的可能的多元性，及潛藏的顯性、隱性、長期、短期不同目的下的衝突。因此，Lødemel 和 Trickey（2001）定義工作福利為：是一種要求人們工作以換取社會救助給付的方案或計畫（王菁菁，2005：11-12）。如（蔡漢賢，2000：133）1972 年台北市推行安康計畫，招募該市無技能貧民或臨時發生事故須工作者，參與維護市容清潔工作，藉工資收入，維持其生活的「以工代賑」（work fare）方式之一。

二、工作福利要素批判

根據 Lødemel 和 Trickey（2001）定義工作福利，可包含三個重要的元素：工作福利具有強制性（compulsory）、與工作有關、領取社會救助的必要條件。

工作福利的本質帶有強制性最為人所詬病。因為社會救助原本就是社會安全網最底層級，一個殘補式安全網的功能必須經由這個無條件領取的福利機制來落實。如果社會救助還有附帶要求，那就破壞國家對最低生活水準的保障和公民社會權的承諾。Marshall 認為社會救助是代表福利國家保護社會公民權的角色。而 Grimes（1997）認為強制性工作福利，破壞了福利消費者的回饋系統，因強制性方案讓人無法拒絕品質不好的工作（Lødemel&Trickey，2001）。Jordan（1996）認為強制性和品質不好的方案會產生一種「反抗文化」，參與者會以裝病來逃避職責、缺席、曠工、怠職等方式來做消極地反抗。

　　執行工作福利者只重視案主是否有一個工作，使之有脫離貧窮的機會，較少關心案主是否真正獲得就業的技術與條件，是否能被整合進入正規的勞動市場，是否擁有較高級、長程的競爭能力（許雅惠，2001：168）。工作福利視「工作」為條件，但它如何看待社會排除和失業、福利依賴和失業呢？

　　假設失業是結構因素，因工業的重組，地區經濟發展的不平衡，或在市場上真正勞動需求與供給上有技術配誤（skills mismatch），這些貧窮產生的原因，其後果社會上就有一群窮人被排除在主流社會之外。Room（1991）認為社會排除是動態的，重點在與社會分離的過程發生。這種概念關心的核心是「貧窮問題」。Morel（1998）認為回應社會排除的政策就是鑲嵌（insertion），社會有責任把排除的人口鑲嵌進來，並如何使社會凝聚及改善社會關係的破裂，因此，需要擴大社會福利的公共投資，而非緊縮公共責任。Levitas（1998）認為工作本身存在有社會道德與經濟功能。當工作福利是調整社會排除的工具時，工作福利給這些被排除的人一個前景，工作福利強制性則被視為正當的，故工作福利可融合國家經濟發展與社會安全的一致性（Lødemel & Trickey，2001：17）。

　　假設失業是個人和文化因素，導致人們較不能或不願去工作，寧可接受消極的救助給付，故，福利依賴是貧窮的原因，是支持人們不去工作的誘因。Lødemel 等人（2001）從 de Tocqueville 觀點中發現，任何救濟貧窮的政策，都會創造人們有懶散不工作的理由，其唯一解決的方法就是停止公共救助。Handler 和 Hasenfeld（1997）認為依賴不是僅僅針對失業或窮人而言，它更是一種有問題的態度、道德的失敗或是工作倫理的喪失（Lødemel & Trickey，2001：19）。所以，政策制定者都支持工作福利這樣的改變，因為再次強調「工作倫理」，工作倫理是一項工具，這項工具致力的目

標，便是順從工廠體制及導向獨立自主的喪失（Bauman，1998），試圖矯正失業人口使之回歸勞動市場。

社會排除與福利依賴這兩個合理化工作福利的因素不是互斥的，可能社會排除會導致依賴，反之亦然。其主要不同是：在社會排除的意涵下，貧窮而接受社會救助是一種結構因素；但依賴則是個人自願選擇領取救助。

上述可知，理論上對失業原因不同的理解，政策也用不同的方式來回應問題。

第二節　台北市就業結構與福利資源

一、就業結構

台北市就業率自 1968 年以來，均維持在 95%以上（男性就業率 98.4%，女性就業率 98.0%），其間因世界性能源危機，經濟景氣相當低迷，就業率降至 95.5%。爾後，經濟景氣在 1979 年至 1981年間復甦，就業率高達 98%以上，以後又漸低迷，就業率下降，1985年僅 96.4%。自 1988 年至 1994 年就業率復甦超過 98%，惟 1995年有降為 97.9%。2001-2002 年因全球經濟衰退，景氣落入谷底，2003 年景氣逐漸復甦，但 2004 年就業率僅為 95.8%（男性就業率95.4%，女性就業率 96.4%）。

台北市（2004）大部分市民係從事服務業（含批發零售業、住宿餐飲、運輸倉儲、金融保險及其他服務業）有 91.2 萬人，占就業人數 80.5%為最多；從事工業者（含礦業、製造業、水電燃氣業、營造業）有 21.9 萬人，占就業人數 19.3%；從事農業者（含農、林、

漁、牧業）僅占 0.2%為數極少。就從業身分觀察，受僱者有 90.0
萬人，占 79.4%；雇主及自營作業者有 19.2 萬人，占 16.9%；無酬
家屬工作者有 4.2 萬人，占 3.7%（台北市統計處，2005：16）。

　　故，以台北市（2004）市民就業結構來看，僅有 4.2%失業率，
勞動參與率 55.8%，就業率 95.8%；八成以上從事服務業，近八成
者為受僱者。

二、就業保險

　　在勞工投保上，台北市委由勞工保險局辦理。由歷年資料顯
示，投保人數皆有逐年增加，惟 1995 年實施全民健保，勞保業務
略有縮減。投保單位由 1980 年底的 10,058 個增至 2004 年底的
96,664 個，投保人數由 1980 年底的 542,893 人增至 2004 年底的
2,061,536 人（台北市統計處，2005：64），二十四年中增加 1,518,643
人，是 1980 年人數的 2.8 倍。

三、就業輔導

　　就業輔導是政府給市民之一的直接服務，凡是有工作意願與工
作能力者或機關團體需要用人時，均可到就業輔導機關登記，而台
北市採單程登記全程服務方式，俾便市民就業服務。登記後，政府
為其相互介紹，完成就業輔導目的。

　　自 1968 年，台北市全年求職人數有 4,769 人，求才人數有
10,209 人。至 2004 年，全年求職人數有 51,579 人（為 1968 年之
10.8 倍），求才人數有 61,951 人（為 1968 年之 6.1 倍）。其中求職
就業率由 1968 年之 62.95%，降至 2004 年之 31.72%，故，求才與
求職雖有逐年增加，但兩者比較結果，求職數增加倍數大於求才

數。其原因是供需雙方要求條件並不相當，或因年齡不合、技術不合，或因待遇不合、工作時間不合，所以無法媒合成功。

另為培訓有志學習專業技能之市民，台北市設有職業訓練中心，辦理各種職業訓練，諸如汽車修護、電腦維護、電腦軟體應用、網頁設計、觀光餐旅等現代就業職能，2004 年共計訓練 2,123 人次，對輔導就業頗有助益（台北市統計處，2005：65）。

四、福利資源

（一）市政府與民間的夥伴關係

資源系統包含有形的人力（如領導者、專家、義工、顧客）、財物（場地、設備財力），及無形權力（如知識技能、承諾、訊息）等。單一組織不可能擁有各類型的資源，因此「交換」行動，乃成為資源連結的基礎（邱瑜瑾，2000：146）。而資源網絡型式形成跨體系且有效的匯聚社會資源。

政府與民間的夥伴關係是目前國家提供公共服務上一個重要理念及方法，因它能促進國家發展的新契機，尤其當一個國家進入公共資源有限的時期，投注於國家的公共投資是否能發揮最大效益，已經是緊迫課題了（胡方瓊，1997：3），且為未來公共服務輸送的新趨勢。林美華（2003）研究中部三縣市生活重建服務中心與政府夥伴關係發現：在資源分享面向上，有資源效益極大化現象、扶植地方資源、民間團體發展多元服務的功能。此與李貞宜（2002）研究指出，非營利組織進行對外資源連結的動機相當多元，包括：為降低服務遞送成本、擴展機構服務領域、確立組織合法性地位、提昇組織聲望與獲得社會認可及學習最新知識技術等的涵意相同——資源連結之機構使之雙方均提供資源分享的共識。在資源連結

工作發展歷程有四個階段：「資源連結摸索時期」、「資源拓展時期」、「資源連結穩定發展時期」與「成果回饋期」（李貞宜，2002），且各階段依社會環境與組織發展任務不同，而會與不同類型外部組織發展連結關係。以下就營利組織間、非營利組織間及資源連結責任分區服務情形述諸如下：

1. 營利組織間之連結

在企業的資源連結流程上，包括「員工問題發現與資源確認」、「資訊收集與管理」、「關係建立與協商」、「連結關係之確認」、「連結績效評估與維持」五項的工作。郭守軒（2002）研究「組織員工協助方案執行之資源連結模式」一文中建議──企業組織應針對資源相關資訊建立有效管理機制、加強資源問題解決能力、應引進相關專業人才進行資源連結工作。因此，企業營利組織缺乏專業人才做組織間資源的連結工作。在整個服務輸送過程中，資源的連結很重要，但對資源的整合也不可疏忽，因資源的整合可有其助力的正面效應，如充足的物力資源，硬體設施的相互支應形成互動的基礎，此外尚有私人交情關係來結合資源，且成員的配合度高也是一種資源整合的助力之一。

2. 非營利組織間之連結

Salamon（1985）指出，大多數非營利組織依靠政府輔助金與輸送服務契約。因此，政府、企業、與非營利組織間形成一個循環圖，這是一種具有社會資源相互依存的網路系統（Salamon，1985）。他又指出：美國社會福利資源展現出地區階層化的現象，不同地區或都市有不同的社會資源系統。「地區的變異性」（regional variations）不但會影響政府對私部門福利機構的支持程度，且不同區域的資源特質也會影響組織間互動與資源連結模式（Salamon，

1992）。近年來台灣非營利組織社會團體在面臨政府私有化政策與亞太金融危機的衝擊，（邱瑜瑾，2000）許多非營利組織經營者在「應然面」上意識到組織間應採網絡連結模式，才可使組織間的資源系統相互流通，以應變組織對抗環境壓力的策略。但在「實然面」上，許多非營利組織有著資源交換的結構限制，如缺乏信任連帶、不知如何規劃資源系統、缺乏聚集資源的能力等因素，而使組織間的資源網絡連結無法發揮資源共存的利益結構，只停留在資源網絡連結的概念理解。

3. 資源連結責任分區服務

社會資源整合最適當的途徑為「以數個組織共同舉辦義工招募與訓練」、「以輪流方式主辦活動方式減低成本」、「以責任分區，且服務方案組合避免重複」、「具有公信力機構為主導整合資訊、服務協調」（張莉姍，2001）。如高雄市婦女福利資源整合模式是由民間與學者組成婦女福利推展委員會以民間單位為主，由委員會邀集婦女福利相關組織參加，根據組織原有之服務內容與方式，選擇適合承辦之業務項目。委員會並與周邊組織以方案、資源、個案、資訊等四種合作方式，建立婦女福利資源網絡，提高婦女所需之各項福利服務；（黃川舫，1997）在資源網絡方面區分一般婦女與特殊境遇婦女兩大類，對一般婦女依據不同族群之特性提供各項福利服務，對特殊境遇婦女則以服務流程劃分，至到該婦女能脫離特殊境遇為止。

至於社會工作者運用（李瑞華，2001）個案管理流程對單親家庭之共同需求提供經濟支持、情緒支持、親職教育團體、單親家長成長團體，並連結其他社會資源網絡提供單親家庭服務，另外針對不同特性之單親家庭提供所需之服務，子女年紀較小者提供兒童照

顧或課業輔導等服務，子女年紀較大者提供兒童升學諮詢並連結學校資源；離婚形成的單親家庭提供與前配偶互動及法律諮詢等服務，對身心適應不良者連結衛生醫療體系提供服務。

台北市共有七個社福中心執行女性福利服務，其中以單親女性為主的服務對象有北投婦女服務中心（北投區、士林區）、永樂婦女服務中心（大同區）、松山婦女暨家庭服務中心（中山區、松山區）、台北市單親家庭服務中心（萬華區）、文山婦女服務中心（萬華區、文山區）、松德婦女服務中心（信義區、南港區、大安區）、內湖婦女服務中心（內湖區）等以行政區劃分，並以資源連結方式作責任分區服務。

（二）整合各社福中心資源建立福利服務輸送體系

各社福中心資源整合方面（劉春香，2004），社會局提出改善現有福利服務輸送體系及公托整併轉型兩項。在改善現有福利服務輸送體系方面：自 93 年 1 月起邀請學者與社會局各業務科進行多次討論，並檢視各區現有服務中心之功能與服務內容，因社會局各兒童、少年、婦女、老人等服務中心，長期發展以單一對象提供專精福利服務，各區社會福利服務中心除作社區內服務窗口外，另以因應社會局內交辦的緊急事件及災變事件為主，而多重問題家庭之處理則需賴各服務中心之間的聯繫協調。為達到各福利服務中心間的功能互補，除針對各區福利服務中心未來直接服務內容及輸送體系全面檢視外，並就各中心之間聯繫協調機制加強規劃──如全人化的服務輸送──增強各中心多元服務內容及彼此聯繫轉銜功能；直接服務民營化──增強政府與民間平權之夥伴關係；服務網絡回饋機制等策略──建立福利輸送與福利政策制定之連結。在擴大社區互助與資源整合方面（蕭智中，2005），輔導社區進行福利

服務、推動福利聯合國計畫、建立社區服務輸送機制，上述推動計畫依序賡述如下：

1. 輔導社區進行弱勢婦女就業福利服務

社會局自 92 年度起輔導 6 個社區發展協會執行社區老人送、供餐服務並協助弱勢婦女培訓烘培考證照技術，以儲備其就業能力。93 年度因福利需求提昇，故擴增輔導 14 個協會推動社區老人及身心障礙者之供餐服務。94 年度社區互助方案經計畫審查，除 93 年度之 14 個方案外，新增 3 個（信義區雙和、松山區松壽社區、南港區好厝邊社區等社區老人送餐及身心障礙者陶藝技能培訓）互助方案。

2. 推動福利聯合國計畫整合民間團體資源

市政府持續推動福利聯合國，整合民間團體資源協助推動福利工作。自 88 年 12 月成立台北福利聯合國至 93 年 12 月 31 日止，五年來已結盟團體計 462 個，共分為六大屬性：民間團體 196 個、企業 105 個、基金會 80 個、學校 53 個、醫院 16 個、公家機關 12 個。已執行重大方案共 220 個。依服務對象不同，分為五大類型方案：天使之愛（身心障礙服務）33 個、銀髮族服務 87 個、兒童少年情摯 26 個、珍愛家庭 26 個、溫馨處處（包括社區服務、遊民服務、殯葬服務——等）43 個，已結合資源包括人力、物力及財力合計約新台幣 1 億 7,165 萬元整。台北福利聯合國於民國 94 年 1-7 月份累積成效：合作團體 172 團次、新結盟單位 29 個（台北市政府，2005）。重要的是，如何使福利聯合國計畫啟動發揮資源整合功效？

3. 建立社區服務輸送體系機制

台北市政府持續推動福利服務中心功能整合，建構社區服務輸送體系：自 94 年 1 月 1 日開始實施中山及松山 2 區之社會福利服務中心及老人服務中心進行實驗方案，為求未來服務輸送體系機制之建立，目前已進行松山區婦女暨家庭服務中心與中山區、松山區社福中心之個案銜接及轉介服務，並正規劃大同區社福中心與老人中心之整合期程。另整合區域內服務輸送網絡，各區資源單位透過區域資源聯繫會議了解區域內資源的能量、潛力及分部配置情形外，亦針對區域內問題需求進行溝通協調，期能整體評估社區所需之資源及資源發展整合之策略。

第五章　研究方法

第一節　研究設計

一、研究概念

　　從文獻中了解，女性單親經濟安全風險大，且在職場上兩性不平等的薪資及市場的區隔，因而常在尋找工作，所得不固定，於是有產生另一種新貧窮的現象，及已經接受生活扶助戶的舊貧。當新貧的女性單親有參與就業保險，當其失業期間可領有失業給付，依據尋職理論來看，她們的期待薪資高於現有的工資則會轉業或就業，而（李章順，1998）失業保險乃是藉由改變失業者的保留薪資水準與尋職努力的程度，來影響失業期間的長短。

　　不論新貧或舊貧的女性單親在求職登記服務輸送過程，由櫃檯服務員做簡易就業諮詢，並評定工作意願與能力，當其評定有意願無能力則由個案管理員做職業諮詢，並推介參與職訓，再徵詢其進入個案管理系統意願，由個案管理員接受開案，首先做需求評估（職能評估），再做初步的安置，如個案已經有就業準備則作推介媒合，如果媒合成功，就結案。若媒合不成功，則進入就業諮詢發展階段，個案管理員擬訂個別就業服務方案，此時可進行方案執行階段諸如就業研習（基礎班、進階班、團輔班）、短期安置（公共服務工作、多元就業開發工作、臨時工作津貼）、創業輔導（創業研習班、創業適性評量、創業貸款利息補貼、創業顧問諮詢）、職業訓練（公共職業訓練、政府委推民間短期職業訓練、職業訓練券）、生涯轉

衛（社會救助、精神醫療、特殊教育、其他），若已經有就業準備，則再進一步做配對檢核無誤，則做就業安置，就業穩定後再做追蹤輔導，最後結案，其中在就業安置階段如不可能就業，就結案。當推介媒合不成功就進入諮商發展階段（就業諮商、團體諮商、心理諮商），爾後發展、撰寫及完成個別化就業服務計畫，進入方案執行階段，如果不可能就業，就結案。若有就業準備就配對檢核，若不能配對檢核則開發工作機會；若能配對檢核，再進一步進入就業安置，就業安置後要作追蹤輔導六個月，最後結案（見附錄三圖5-1）。

　　過去台灣勞力密集產業為主的經濟社會，不僅失業率低，失業的原因大多是資訊不足，而今產業結構快速轉型，主要失業類型由摩擦性轉為結構性與循環性，失業人口也不再以初次尋職為主，中高齡失業人口大幅增加，面對這種轉變，各公立就服機構必須結合當地經建資源與社政體系，才能有效解決失業問題（辛炳隆，2005）。故，社政體系與勞工就業體系應在行政資源上做一整合，結合 12 個社福中心與 7 個就業中心為受案窗口，以增加服務的可近性外，更做跨部會、局的資源整合，縮短失業給付的審查及求職媒合的流程。

二、研究架構與假設

　　本文研究架構是依據上述文獻、研究目的及研究概念來設計的。其中「個人因子」概念包括三個變項，年齡、教育程度、家庭收入；「環境因子」概念包括二個變項，失業前行業、失業前職業；「就業保險」概念包括五個變項，參加就業保險、失業給付、提早就業獎助津貼、職業訓練生活津貼、全民健康保險費補助；「失業因子」概念包括三個變項，失業原因、失業週期、失業類型；「就

業意願與培力」概念包括四個變項，職業訓練、就業諮商、就業能力、就業能力培養方式；「生活來源」概念包括十三個變項，親友支持、儲蓄及利息、投資利潤、撫恤金、低收入戶生活扶助、特殊境遇婦女家庭扶助、自己固定收入、贍養費、子女就業收入、資源回收、以工代賑、鄰里及社會人士捐助、其他部分支持；「職業媒合」概念包括七個變項，尋職方法、尋職頻率、尋職時期待薪資、職業訓練後期待薪資、新工作內容接受程度、就業安置、職訓課程；「就業服務輸送」概念包括六個變項，求職登記機構、早日進入職場方式、就業手續時間、再就業等待時間、何種條件最適合創業方式、就業經驗與同意程度等；「工作價值」概念包括最符合自己工作價值變項及五個工作價值影響因素，如學習成長取向五題、自我實現取向六題、尊嚴取向五題、社會互動取向五題、組織安全與經濟取向五題、安定免於焦慮與休閒五題，共三十一題。

　　若女性單親在就業培力過程，透過福利服務輸送機制，能達成再就業的目的，據此，本研究形成下列假設：

　　假設一：不同的個人因素層次（年齡、教育程度、每月收入、職業等級）之女性單親，會影響失業因子（失業原因及長期失業時間）、就業保險、生活經濟來源（個人利益、政府補助、固定收入）、職業訓練。

　　假設二：不同的就業經驗與經濟層次（失業因子、就業保險、生活經濟來源、職業訓練）之女性單親，會影響就業意願與培力（再就業諮商、工作價值、就業安置）。

　　假設三：不同的就業意願與培力層次（再就業諮商、工作價值、就業安置）之女性單親，會影響職業媒合（尋職頻率、尋職方法）。

　　假設四：不同的職業媒合層次（尋職頻率、尋職方法）之女性單親會影響就業服務輸送（就業手續、等待就業時間）。

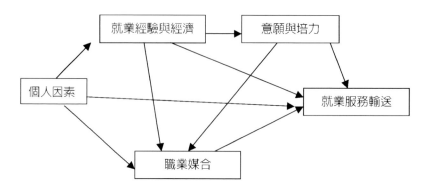

圖 5-2　研究架構圖

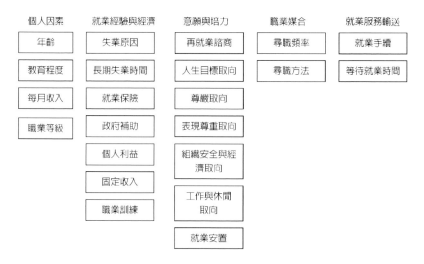

　　以上研究架構是有層次性的。如第一層次為個人因素（年齡、教育程度、每月收入、職業等級）；第二層次是失業因子（失業原因、長期失業時間）、就業保險、生活經濟來源（個人利益、政府補助、固定收入）、職業訓練；第三層次是再就業諮商、工作價值影響因素（人生目標取向、尊嚴取向、表現尊重取向、組織安全與經濟取向、工作與休閒）、就業安置；第四層次是職業媒合（尋職

頻率、尋職方法）；第五層次為就業服務輸送（就業手續、等待就業時間）。

第二節 研究對象

　　本研究的樣本，依年齡層而言，界定在 25 歲-55 歲女性單親。依據台北市政府主計處統計，女性單親低收入戶共 3,063 戶，但分散在 12 個行政區內，將以居住在台北市五處平宅（信義區福德平宅 504 戶，大安區延吉平宅 120 戶，萬華區福民平宅 340 戶，文山區安康平宅 1024 戶，北投區大同之家平宅 60 戶）中之女性單親、慧心家園為主的女性單親；並配合 8 個就業服務站（北投站、內湖站、頂好站、南港站、松山站、西門站、景行站，勞工局就業中心）登記有領失業給付之女性單親者為研究對象，透過民間機構及協會以滾雪球方式進行訪視。

　　在尋找樣本時，以公文發函台北市社會局第二科、第五科請求協助問卷調查。針對居住平宅的女性單親，將由作者親自訪談或請平宅及相關單親家庭婦女服務中心社工員協助。至於由就業服務站訪談新貧女性單親樣本，及曾到勞工局就業服務中心登記之女性單親為據點，再以滾雪球方式獲得所需樣本。

　　樣本收集過程，透過學校社工師、公部門、私部門社工員、及作者親自訪談，共發出 415 份問卷，回收 385 份，回收率為 92.77%，有效樣本為 375 份，有效回收率 90.36%。

表 5-2　樣本來源

樣本來源				
機構	發出份數	回收份數	無效樣本	有效樣本率
台北市平宅	103	103		
福民平宅	33	33		
福德平宅	1	1		
延吉平宅	9	9		
安康平宅	60	60		
婦女服務中心	45	30		
內湖婦女服務中心	13	10		
台北市單親家庭服務中心	7	0		
松山婦女服務中心	5	0		
松德婦女服務中心	10	10		
北投婦女服務中心	0	0		
文山婦女服務中心	9	9		
慧心家園	1	1		
國中小學	35	27	2	
原住民關懷協會	61	61		
保母促進會	30	26	5	
一葉蘭喪偶基金會	40	40	2	
各區單親婦女（滾雪球方式）	101	98	1	
合計	415	385	10	90.36%

第三節　研究工具

　　本研究工具主要為問卷量表，依據研究目的、理論架構來設計問卷，為使資料的可推論性，採結構式的問卷設計，問項均為封閉型式。問卷設計後，送請曾華源教授、林顯宗教授、江亮演教授、

賈廷詩教授、陳宇嘉副教授、石泱助理教授等六位相關專家學者針對問卷之內容提出書面修正意見，以建立問卷的專家效度。

　　測量工具量表方面，首先界定各變項內容：「個人因子」變項中之「年齡」係以出生年月填寫。「教育程度」係指國中含以下、高中高職、專科、大學含以上等四組選項。「家庭收入」係指全家收入在一萬元含以下、一萬至一萬五千元以下、一萬五千至二萬元以下、二萬至二萬五千元以下、二萬五千至三萬元以下、三萬至三萬五千元以下、三萬五千至四萬元以下、四萬至四萬五千元以下、四萬五千至五萬元以下、五萬元以上等十組選項。「住屋」所有權係指自己的、借住的、租的等三組選項。

　　「環境因子」變項中之「失業前行業」係指農業（含農業、林業、漁業、牧業）、工業（含礦業、製造業、水電燃氣業、營造業）、服務業（含批發零售、住宿餐飲、運輸倉儲、金融保險、其他服務業）、其他等四組選項。「失業前職業」係指管理人員、專業人員（含工程師）、助理（半）專業人員（含技術員）、事務工作人員、服務工作人員及售貨員、農林漁牧工作人員、技術工及相關工作人員、機械設備操作及組裝工、非技術工、其他等十組選項。

　　「就業保險」變項中之「工作期間就業保險」係指有參加、無參加等二組選項。「失業給付」係指非自願失業勞工給付標準，按月給付一次，無領失業給付、已領一個月、已領二個月、已領三個月、已領四個月、已領五個月、已領六個月等七組選項。「提前就業獎助津貼」係指符合失業給付請領條件，於失業給付請領期限屆滿前受僱工作，且在參加就業保險三個月以上者，得請領提造就業獎助津貼，以是、否兩組作答。「職業訓練生活津貼」係指職業訓練期間經濟安全保障，且參加全日制職業訓練課程，（全日制規定：訓練期間一個月以上、每星期上課四次以上、每次上課日間四小時

以上、每月總訓練時數 100 小時以上）未領、已領一個月、已領二
個月、已領三個月、已領四個月、已領五個月、已領六個月等七組
選項。「全民健康保險費補助」（包括全民健保、扶保），係指未領、
已領一個月、已領二個月、已領三個月、已領四個月、已領五個月、
已領六個月等七組選項

　　「失業因子」變項中之「失業原因」係指非自願性離職、自願
性離職等兩組選項。「失業週期」指至公立就業服務機構辦理求職
登記之日起算，至正式找到工作開始上班的前一日止。已一個月至
三個月以下失業、三個月至六個月以下失業、六個月至九個月以
下、九個月至一年以下失業、一年以上失業等五組選項。「失業類
型」係指循環性失業、技術性失業、結構性失業、摩擦性失業、季
節性失業、潛在性失業、家務繁忙、健康不良等八組選項。

　　「就業意願與培力」變項中之「就業前職業訓練」係指就業前
有參加職業訓練、沒有有參加職業訓練兩組選項。「有參加職業訓
練原因」係指自己對職業訓練是自願參加、被機構選派的兩組選
項。「參加職業訓練好處」係指可增加專業技能、可增加升等機會、
可增加薪資、可增加轉業機會等四組選項。「沒有參加職業訓練原
因」係指自己不願參加、對職業訓練資訊不知道、無合適訓練項目
等三組選項。「不參加職業訓練」係指職業訓練功能不能增加專業
技能、不能增加升等機會、不能增加薪資、不能增加專業機會等四
組選項。「就業諮商」係指再就業前到相關就業機構諮商，包括有、
沒有兩組選項。「參加就業諮商」目的在了解就業心理準備狀況、
個人性向能力、職業適應性、就業市場求才需求、參加職業訓練種
類資格等五組選項。「沒有參加就業諮商」係指自己認為有工作就
好、沒工作也沒關係、沒有必要參加、不知道有就業諮商服務等四
組選項。「就業能力條件」係指專業知識、專業技術、天賦、個人

努力、工作價值、工作態度、工作時間長短、人際互動、情緒穩定等九組選項。「就業能力教育方式」係指學校正規教育、職訓局專業課程訓練、社區大學職業訓練、企業機構自行辦理職業訓練、政府委託民間機構辦理的職業訓練等五組選項。

　　「生活來源」變項中「親友支持」、「儲蓄及利息」、「投資賺取利潤」、「撫恤金」、「低收入戶生活扶助」、「特殊境遇婦女家庭扶助」、「固定就業收入」、「贍養費」、「子女就業所得」、「資源回收收入」、「以工代賑」、「鄰里及社會人士捐助」、「其他部分支持」等十三題，包括從未、偶爾、有時、常常、總是等五組選項。

　　「職業媒合」變項中「尋職頻率」係指公立或私立就業服務站登記次數來計，包括每月二次、每年一次、每年二次、每年三次、每年四次等五組選項。「就業安置」係指登記後至通知工作期間的長短，包括一個月至二個月以下、二個月至三個月以下、三個月至四個月以下、四個月至五個月以下、五個月至六個月以下、六個月以上等六組選項。「政府委託民間機構職業訓練課程」包括保母訓練、電腦基礎與應用訓練、語文訓練、文藝訓練、科學專業訓練、縫紉訓練、秘書專業訓練、保險行銷訓練、售貨行銷訓練、餐飲專業技術訓練、導遊觀光訓練、小吃班訓練、飲料調製班訓練、中西餐烹調丙級證照訓練、烘培丙級證照訓練、生機餐飲訓練、素食烹調訓練、女子美容美體證照訓練、美髮養成訓練、美工廣告設計班訓練、美容養成紓壓訓練、家事管理員訓練、冷凍空調丙級證照訓練、平面媒體設計班訓練、電腦化會計實務訓練、電腦軟體實務應用訓練、網頁設計班訓練、其他訓練等二十八組選項。「尋職薪資期待」係指在尋職期間對薪資的接受程度，包括比失業前薪資高、比失業前薪資低、與失業前薪資相同、無期待等四組選項。「參加職業訓練後薪資期待」係指在訓練後對薪資的接受程度，包括比未

參訓前薪資高、比參訓前薪資低、與未參訓前薪資相同、無期待等
四組選項。「對新工作內容接受度」包括要與失業前相同、要與失
業前不同、只要有工作就好。

「尋職方法」係指報章雜誌、親友介紹、師長介紹、上職業網
路登記、到就近的就業服務站登記、參加企業求才活動等六組選項。

「就業服務輸送機制」變項中之「再就業協助方式」係指透過
相關機構來尋求工作，機構包括設立女性單親就業服務中心、離家
近的公立就業服務站、離家近的民間訓練機構、離家近的的社區服
務中心、離家近的企業訓練中心、各行政區所設的婦女服務中心、
各區公所民政課附設就業服務項目等七組選項。「就業安置」係指
登記到安置的期間為一個月以下、一個月至二個月以下、二個月至
三個月以下、三個月至四個月以下、四個月至五個月以下、五個月
至六個月以下、六個月以上等七組選項。「早日進職場方式」係指
透過何種方式進入職場，包括就業登記機構設有就業諮商服務、就
業登記機構設有就業個案管理員、就業登記機構設有義工、就業登
記機構設有全程就業電腦配對設備、就業登記機構設有求才企業機
構即時面談項目等五組選項。「就業手續」係指在登記就業流程的
時間，包括一日、三日、一星期、二星期、一個月、其他等六組選
項。「等待就業時間」係指從登記到通知就業面試階段，包括一日、
三日、一星期、二星期、一個月、其他等六組選項。「創業方式」
係指決定自己開創事業應具備的條件，包括有特殊專業技術、有足
夠資金、可貸款且利率低、有改變傳統產業之創新能力、有諮詢創
業團隊指導等五組選項。「求職登記」係指公立就業中心登記，是
否填表單簡易明瞭經驗及對表單明瞭、是否職缺與自己教育程度合
適可提高工作機會經驗及同意程度、是否薪資低原因來自無全時工
作經驗及同意程度、是否工作復職難的經驗及同意程度、是否有尋
職但無機會的經驗及同意程度、是否有保險不必急著找工作經驗及

同意程度、是否一年以上失業後不想找工作經驗及同意程度、是否有政府補助津貼不必找工作經驗及同意程度、是否採部分時間工作可幫助收入及兼顧家庭經驗及同意程度、是否政府低率貸款創業最適合提高就業機會經驗及同意程度、是否參加職訓對找工作有幫助經驗及同意程度等十二題之同意程度如非常不同意、不同意、普通、同意、非常同意等五層次。「媒合條件」係指有與無就業職缺、職缺與自己教育程度是否合適、職缺與自己興趣是否合適等六組選項。

　　「工作價值」變項之「符合自己想法」包括有學習成長、自我實現、生活有尊嚴、可獲得良好的社會互動、可獲得安全保障及經濟報酬、免於生活焦慮、是一種休閒娛樂等七組選項。在「工作價值影響因素」變項中包括「學習成長取向」五題、「自我實現取向」六題、「尊嚴取向」五題、「社會互動取向」五題、「組織安全與經濟取向」五題、「安全免於焦慮與休閒」五題共三十一題，其影響工作價值重要性選項分五層次，包括非常不重要、不重要、普通、重要、非常重要等五組選項。

第四節　資料處理及分析

　　本研究調查及施測所得之資料，經編碼（coding）並以個人電腦鍵入後，以社會統計套裝軟體（SPSS/PC 10.0）進行統計分析。所使用的統計方法有：

一、次數分配分析及卡方檢定：了解受試樣本在基本資料上的分配情形。

二、因素分析：分析「女性單親就業」量表及「工作價值影響因素」量表之信度與建構效度，依據其分析結果修刪量表，並依因素分析所抽出之主要成分，重新組合量表。

三、t 檢定：依據量表中之每月收入在三萬元以下者為舊貧女性單親，在三萬元以上者為新貧女性單親，以 t 檢定了解兩者對「就業經驗與經濟」、「就業意願與培力」、「職業媒合」及「就業服務輸送」等依變項之差異性。

四、皮爾遜積差相關分析：分析女性單親年齡、教育程度、每月收入、失業前行業、失業前職業等自變項與就業保險、失業因子、就業意願與培力、生活經濟來源、職業媒合（尋職頻率、尋職方式）、就業服務輸送（再就業手續時間、再就業等待時間）等依變項之相關情形。

五、單因子變異分析：分析教育程度不同之女性單親對就業保險、生活經濟來源、職業媒合、服務輸送之差異情形。

六、路徑分析：以逐步多元迴歸分析，將變量標準化，求出路徑係數，以了解各變項間的因果關係，並依據分析結果修正研究架構。

　　研究架構是有五個層次性的。如第一層次為個人因素（年齡、教育程度、每月收入、職業等級）；第二層次是失業因子（失業原因、長期失業時間）、就業保險、生活經濟來源（個人利益、政府補助、固定收入）、職業訓練；第三層次是再就業諮商、工作價值影響因素（人生目標取向、尊嚴取向、表現尊重取向、組織安全與經濟取向、工作與休閒）、就業安置；第四層次是職業媒合（尋職頻率、尋職方法）；第五層次為就業服務輸送（就業手續、等待就業時間）。在統計分析時，五個層次彼次間有直接作用與間接作用，但其總作用等於直接作用加上間接作用。

第六章　研究結果與討論

第一節　樣本資料特性分析

一、描述性統計

（一）樣本特色

　　本研究樣本對象之年齡平均為 42.78 歲，教育程度平均 11.65 年，每月收入平均為 22,940 元，對工作價值在 127.71 分（最大值為 155 分，最小值為 75 分），屬中上程度的認同工作價值的重要性。有 38.1%租屋而居為最多，失業前大多是服務業占 64.3%，而從事服務工作及售貨員服務業有 41.9%，失業週期平均為 7.90 個月，尋職頻率平均為 2.19 個月，就業安置時間平均為 2.81 個月，再就業登記流程平均為 6.03 天，再就業等待時間平均為 12.82 天。

（二）依變項百分比描述

　　在就業保險方面，50.7%女性單親受試者有參與就業保險，89.9%未領失業給付，94.4%未領提前就業獎助津貼，94.4%未領職業訓練生活津貼，失業期間 95.2%未領全民健保保險補助。在失業因子方面，65.1%失業者為自願離職者，其自願離職中有 37.3%是因家務繁忙無法就業，13.9%是因健康不良失業，48.0%失業週期在一年以上。

　　上述可知，有五成左右女性單親參加就業保險，但對於相關就業保險的福利認知不足，且有六成五之女性單親為自願離職者，其失業週期為 48 週以上者有近五成。

　　在就業意願與培力方面，76.0%沒有參加職業訓練，不願參加職業訓練原因有 40.3%是對職業訓練資訊不知道，且有 44.5%參加職業訓練並不能增加轉業機會。24%有參加職業訓練，且有 21.9%自願參加職業訓練，並有 21.9%認為參加職業訓練有增加專業技能的好處。77.9%受試女性單親沒有在再就業前做過就業諮商，不參加就業諮商原因來自於不知道有就業諮商服務有 43.5%，而不參加就業諮商原因來自於有工作就好的想法占 24.5%，2.9%認為沒工作也沒關係，6.9%認為沒有必要參加就業諮商。有 22.1%受試女性單親有在再就業前做過諮商，其諮商目的，5.6%在了解就業心理準備狀況，3.2%在了解個人性向能力，4.5%在了解職業適應性，5.3%在了解參加職業訓練種類資格。

　　上述可知，有七成六之女性單親未參加過職業訓練，不參加職業訓練的原因是參加職業訓練不能增加其轉業機會及對職業訓練資訊不知道者各有四成以上；有七成七以上女性單親沒有在再就業前做過諮商經驗，主要原因是不知道有就業諮商服務者達四成三以上。

　　在就業能力應具備條件方面，認為是工作態度占 76.0%為最多，次為個人努力占 69.1%、專業知識占 59.2%、人際互動占 54.1%、專業技術占 49.1%、工作時間長短占 31.5%、工作價值占 21.9%、情緒穩定占 20.5%、天賦占 4.3%。在就業能力養成方式方面，認為是經由職訓局專業課程訓練占 64.5%為最多，次為學校正規教育占 42.7%、企業機構自行辦理職業訓練占 41.6%、政府委託民間機構辦理的職業訓練占 35.7%、社區大學職業訓練占 8.3%。

　　上述可知，女性單親認為就業能力具備條件，七成六者認為就業能力之一的工作態度、個人努力、專業知識、人際互動等均在五成以上。

　　在生活經濟來源方面，偶爾由親友支持占 31.2%、偶爾由儲蓄及利息占 19.2%、偶爾由投資利潤占 15.7%、偶爾由撫恤金占 4.0%、總是由生活扶助占 21.9%、偶爾由特殊境遇補助占 10.4%、總是由固定就業收入占 42.7%、偶爾由贍養費占 3.5%、偶爾由子女就業所得占 6.7%、偶爾由資源回收占 5.3%、總是由以工代賑占 11.75%、偶爾由鄰里及社會捐助占 11.2%、偶爾由其他部分支持占 3.7%等為最多。

　　上述可知，四成二以上認為生活經濟來源為固定收入，次為偶爾親友支持，再次為政府之生活扶助。

　　在職業媒合方面，在尋職頻率上，每年一次至就業服務站登記者占 30.4%為最多，次為每月二次至就業服務站登記者占 6.4%、每年四次至就業服務站登記者占 5.1%、每年三次至就業服務站登記者占 2.4%。在就業安置上，6 個月以上占 32.8%為最多，次為1-2 個月以下占 19.2%、2-3 個月以下占 7.2%、3-4 個月以下占 3.7%、5-6 個月以下占 3.5%、4-5 個月以下占 1.1%。在參加公、民營機構職業訓練課程上，其他訓練為最多占 45.9%，次為電腦基礎與應用訓練占 22.1%、語文訓練及縫紉訓練各占 6.1%、文藝訓練占 2.7%、保母訓練占 11.7%、家事管理訓練占 5.6%、美容養成紓壓訓練占 4.8%、保險行業訓練、餐飲專業技術訓練及烘焙丙級證照訓練各占 4.5%、美髮養成訓練占 4.0%、小吃班訓練及女子美容美體證照訓練各占 3.7%、售貨行業訓練及電腦化會計實務訓練各占 3.5%、素食烹調訓練、網頁設計班訓練及電腦軟體實務應用訓練各占 3.2%、飲料調製班訓練及中西餐烹調丙級證照訓練各占 2.7%、生

機餐飲訓練、美工廣告設計各占 1.6%、導遊觀光訓練占 0.8%、平面媒體設計訓練及秘書專業訓練占 0.5%、科學專業訓練占 0.3%。在尋職時對薪資期待上,比失業前高為最多占 42.4%,次為無期待占 30.1%、與失業前相等占 19.7%、比失業前低占 7.7%。在參加職業訓練後時對薪資期待上,比參訓前高為最多占 52.0%,次為無期待占 33.1%、比參訓前低占 11.2%、與未參訓前相同占 3.7%。對新的工作內容接受程度上,只要有工作就好占 65.9%為最多,次為要與失業前相關占 18.9%、要與失業前不同占 15.2%。在尋職方式上,偶爾看報章雜誌占 25.9%、有時親友介紹占 27.7%、有時師長介紹占 12.8%、有時上職業網路登記占 8.5%、偶爾到就近就業服務站登記占 16.5%、偶爾參加企業求才活動占 10.1%等為最多。

上述可知,職業媒合方面之一的尋職頻率有三成左右之女性單親每年一次至就業服務站登記;職業媒合方面之二的就業安置上,有三成二以上是 6 個月以上。職業媒合方面之三的參加公、民營機構職業訓練課程上,有四成五以上參加其他訓練,次為電腦基礎與應用訓練占 22.1%。職業媒合方面之四的尋職時對薪資期待上,四成二左右者認為應比失業前高,次為尋職時對薪資期待上無期待占三成左右。職業媒合方面之五的參加職業訓練後時對薪資期待上,五成二之女性單親認為應比參訓前高,次為三成三之女性單親認為參加職業訓練後時對薪資期待上無期待。職業媒合方面之六的對新的工作內容接受程度上,有六成五以上之女性單親認為只要有工作就好。職業媒合方面之七的尋職方式上,有二成七以上認為有時親友介紹。

在就業服務輸送方面,最符合女性單親再就業的協助上,以離家近的公立就業服務站占最多為 65.1%,次為離家近的社區服務中心 64.5%、設立女性單親就業服務中心占 49.6%、各行政區所設的

婦女服務中心站占 43.75%、離家近的企業訓練中心占 19.7%、各區公所民政課附設就業服務項目占 14.4%。在早入職場方式上，受試者認為就業登記機構設有就業諮商服務占 54.9%，次為就業登記機構設有就業個管員占 53.9%、就業登記機構設有求才企業機構即時面談項目占 31.2%、就業登記機構設有義工服務及就業登記機構設全程就業電腦配對設備各占 28.3%。在再就業流程上，認為以一日完成手續最適合的為最多占 31.2%，次為一星期占 28.3%、三日占 25.3%、一個月占 7.2%、二星期占 5.9%、其他占 2.1%。在等待就業時間上，認為一星期最恰當占 64.8%為最多，次為二星期占 14.7%、一個月占 13.6%、二個月占 2.9%、其他占 2.1%、三星期占 1.9%。最符合創業條件方式上，以有足夠資金占 66.1%為最多，次為特殊專業技術占 58.4%、可貸款且利率低占 30.4%、有諮商創業團隊指導占 29.3%、有改變傳統產業之創新能力占 14.9%。在求職過程中有關事項的經驗上，以採部分時間工作可增加收入並兼顧家庭為最多占 79.5%，次為遇有職缺與自己教育程度合適就有工作機會占 62.4%、參加職業訓練可幫助找工作占 61.6%、薪資低是無全時工作占 57.6%、有尋職但無工作占 50.9%、求職登記表簡單明瞭占 46.9%、目前無工作是復職困難占 43.2%、政府採低率貸款創業可提高就業機會占 41.6%、工資低而不穩定的工作不願去做占 31.7%、有一年以上失業後不想再找工作占 17.6、有就業保險無需急於找工作占 12.3%、有政府津貼不必找工作占 10.4%。在求職過程中有關事項的同意程度上，認為遇有職缺與自己教育程度合適就有工作機會占 66.1%為最多，次為採部分時間工作可增加收入並兼顧家庭占 62.4%、參加職業訓練可幫助找工作占 61.9%、薪資低是無全時工作占 60.0%、政府採低率貸款創業可提高就業機會占 52.5%、求職登記表簡單明瞭占 51.2%、目前無工作是復職困難占

40.0%、有尋職但無工作占 40.0%。在求職過程中有關事項的不同意程度上，以有政府津貼不必找工作為最高占 53.9%，次為有一年以上失業後不想再找工作占 53.1%、有就業保險無需急於找工作占52.8%、工資低而不穩定的工作不願去做占 40.0%。

　　上述可知，在就業服務輸送方面，最符合女性單親再就業的協助上，六成五之女性單親認為是離家近的公立就業服務站，次為六成四以上之女性單親認為是離家近的社區服務中心，近五成之女性單親認為是設立女性單親就業服務中心。在早入職場方式上，五成以上之女性單親認為就業登記機構設有就業諮商服務，或到就業登記機構設有就業個管員。在再就業手續流程上，有三成以上女性單親認為以一日完成手續最適合，次為二成八之女性單親認為一星期完成手續最適合，二成五左右之女性單親認為三日最適合。在等待就業時間上，有六成四以上之女性單親認為一星期最恰當。

　　在就業工作價值方面，最符合自己工作價值的想法以可獲得安全保障及經濟報酬占 74.7%最多，次為學習成長占 56.3%、免於生活焦慮占 53.3%、可獲得良好的社會互動占 42.9%、生活有尊嚴占39.5%、自我實現占 31.2%、是一種休閒娛樂占 3.2%。在就業各項工作價值重要同意程度方面，實現人生目標重要同意程度以能在工作中開創自己的工作生涯為最高占 51.7%，次為能在工作中不斷獲得新知識占 49.3%、工作能學以致用占 48.3%、能在工作中突破障礙占 48.0%、在工作中能達成自己的工作目標占 48.0%、能為社會做些有意義的工作占 47.7%、在工作中能有充分的進修機會占45.6%、能在工作中獲得解決問題的能力占 45.3%、在工作中能實現自己的人生理想占 43.7%、能符合自己興趣的工作占 43.5%、能在工作中獲得升遷機會占 37.6%。尊嚴取向重要同意程度以能在工作中獲得自信與別人的肯定為最高占 48.0%，次為同事間能愉快完

成一件事占 46.4%、同事間能相互照顧彼此關懷占 45.9%、工作時能對團體發揮影響力占 45.6%、工作時能獲得別人的尊重占 43.7%。表現與尊重重要同意程度以工作時上司能尊重自己的意見為最多占 52.3%、因工作表現良好受到賞識和讚許占 48.3%。組織安全與經濟取向重要同意程度以能從事有保障的工作為最高占 46.9%，次為能在工作中獲得公平待遇占 46.1%、同事間不會因個人利益而勾心鬥角占 42.9%。組織安全與經濟取向非常重要同意程度以符合勞動基準退休資格者能獲得公司發放退休金為最高占 48.8%，次為公司薪資與績效獎金分配合理占 43.5%。（見表 5-1-2）

上述可知，在就業工作價值方面，最符合自己工作價值的想法有五成以上之女性單親認同可獲得安全保障及經濟報酬，次為學習成長，免於生活焦慮。在就業各項工作價值取向之重要同意程度方面，實現人生目標重要同意程度上，有五成以上之女性單親認同以能在工作中開創自己的工作生涯。尊嚴取向重要同意程度上，有四成五以上之女性單親認同以能在工作中獲得自信與別人的肯定，次為同事間能愉快完成一件事，同事間能相互照顧彼此關懷，工作時能對團體發揮影響力。表現與尊重取向重要同意程度上，有四成八以上之女性單親認同以工作時上司能尊重自己的意見，因工作表現良好受到賞識和讚許。組織安全與經濟取向重要同意程度上，有四成六以上之女性單親認同以能從事有保障的工作，次為能在工作中獲得公平待遇。

綜合上述，有五成左右女性單親參加就業保險。有六成以上失業女性單親來自自願離職者，且四成八者失業週期在一年以上，比 2003 年女性平均失業週期 26.47 週高出 1.8 倍。

在就業意願與培力方面，有七成六女性單親未參加職業訓練，且認為參加職業訓練並不能增加轉業機會者占四成四。

　　就業能力養成上，六成四以上認為經由職訓局專業課程訓練可提昇專業能力，次為學校正規教育占 42.7%，企業機構自行辦理職業訓練占 41.6%。

　　在生活經濟來源方面，由政府補助最多占 44.05%（包括生活扶助、以工代賑收入、特殊境遇補助），次為自己固定收入占42.7%，個人利益收入占 38.9%（包括儲蓄及利息、投資利潤、撫恤金）。

　　在職業媒合方面，每年至就業服務站登記者為最多占 30.4%，在就業安置上，有 32.8%為六個月以上者為最多。在尋職方式上，27.7%有時親友介紹為最多，次為偶爾看報章雜誌者占 25.9%，偶爾到就近就業服務站登記占 16.5%。

　　在就業服務輸送方面，最符合女性單親再就業協助上，65.1%認為以離家近的公立就業服務站為最多，次為離家近的社區服務中心占 64.5%，49.6%認為設立女性單親就業服務中心。而有 54.9%認為就業登記機構設有就業諮商服務為早入職場的方法。66.1%認為有足夠資金是創業條件之一，次為特殊專業技術占 58.4%。再就業時間流程上，31.2%認為以一日完成手續為最多，次為一星期占28.3%，三日者占 25.3%。在等待再就業時間上，認為一星期最恰當者為最多占 64.8%，次為二星期占 14.7%，一個月占 13.6%。

　　在就業工作價值方面，74.7%女性單親認為工作價值中之組織安全與經濟取向中之獲得安全保障及經濟報酬者為最多。

表 6-1-1　自變項與依變項之百分比

項目	人數	百分比	平均數
年齡			42.78 歲
29 歲以下	17	4.5	
30-34 歲	38	10.1	
35-39 歲	56	15.0	
40-44 歲	91	24.2	
45-49 歲	111	29.6	
50 歲以上	62	16.4	
教育程度			11.65 年
國中含以下	129	34.4	
高中職	171	45.6	
專科以上	75	20.0	
每月收入			22,940 元
30,000 元以下	277	73.8	
30,000 元以上	98	26.2	
住屋所有權			
自己的	103	27.5	
借住的	129	34.4	
租的	143	38.1	
失業前行業			
農業	9	2.4	
工業	36	9.6	
服務業	241	64.3	
家庭管理	89	23.7	
失業前職業			
管理人員	23	6.1	
專業人員（含工程師）	18	4.8	
助理（半）專業人員（含技術員）	23	6.1	
事務工作人員	26	6.9	
服務工作員及售貨員	157	41.9	
農林漁牧工作人員	2	.5	
技術工	23	6.1	
機械設備操作即組裝工	2	.5	
非技術工	17	4.5	
家庭主婦	84	22.4	

就業保險			
有	190	50.7	
沒有	185	49.3	
失業給付			
無領失業給付	337	89.9	
已領一個月	14	3.7	
已領二個月	5	1.3	
已領三個月	5	1.3	
已領四個月	2	.5	
已領五個月	1	.3	
已領六個月	11	2.9	
提前就業獎助津貼			
有領	22	5.9	
未領	353	94.1	
職業訓練生活津貼			
未領	354	94.4	
已領一個月	5	1.3	
已領二個月	8	2.1	
已領三個月	5	1.3	
已領四個月	1	.3	
已領五個月	0	.0	
已領六個月	2	.5	
全民健保保險費補助			
未領	357	95.2	
已領一個月	5	1.3	
已領二個月	4	1.1	
已領三個月	2	.5	
已領四個月	0	.0	
已領五個月	1	.3	
已領六個月	6	1.6	
失業原因			
自願離職	244	65.1	
非自願離職	131	34.9	
失業類型			
循環性失業	94	25.1	
技術性失業	14	3.7	
摩擦性失業	16	4.3	
季節性失業	0	0	

潛在性失業	36	9.6	
結構性失業	23	6.1	
家務繁忙失業	140	37.3	
健康不良失業	52	13.9	
失業週期			7.90 月
1-3 個月以下	86	22.9	
3-6 個月以下	67	17.9	
6-9 個月以上	23	6.1	
9-12 個月以下	19	5.1	
1 年以上	180	48.0	
職業訓練			
有	90	24.0	
沒有	285	76.0	
有參訓原因			
無參訓	285	76.0	
自願參訓	82	21.9	
被機構指派	8	2.1	
參訓好處			
增加專業技能			
是	82	21.9	
否	293	78.1	
增加升等機會			
是	7	1.9	
否	368	98.1	
增加薪資			
是	10	2.7	
否	365	97.3	
增加轉業機會			
是	68	18.1	
否	307	81.9	
不參訓原因			
有參訓	90	24.0	
不願參加	46	12.3	
對職業訓練資訊不知道	151	40.3	
無適合訓練項目	88	23.5	
參訓限制			
有參訓	90	24.0	
不能增加專業技能	37	9.9	

不能增加升等機會	37	9.9
不能增加薪資	44	11.7
不能增加轉業機會	167	44.5
就業諮商		
有	83	22.1
沒有	292	77.9
諮商目的		
沒有參加諮商	292	77.9
就業心理準備狀況	21	5.6
個人性向能力	12	3.2
職業適應性	17	4.5
就業市場求才需求	20	5.3
參加職業訓練種類資格	13	3.5
不參加就業諮商原因		
有參加就業諮商	83	22.1
有工作就好	92	24.5
沒工作也沒關係	11	2.9
沒有必要參加	26	6.9
不知道有就業諮商服務	163	43.5
就業能力條件		
專業知識		
是	222	59.2
否	153	40.8
專業技術		
是	184	49.1
否	191	50.9
天賦		
是	16	4.3
否	359	95.7
個人努力		
是	259	69.1
否	116	30.9
工作價值		
是	82	21.9
否	293	78.1
工作態度		
是	285	76.0
否	90	24.0

工作時間長短			
是	118	31.5	
否	257	68.5	
人際互動			
是	203	54.1	
否	172	45.9	
情緒穩定			
是	77	20.5	
否	298	79.5	
就業能力培育方式			
學校正規教育			
是	160	42.7	
否	215	57.3	
職訓局專業課程訓練			
是	242	64.5	
否	133	35.5	
社區大學職業訓練			
是	31	8.3	
否	344	91.7	
企業機構自行辦理職業訓練			
是	156	41.6	
否	219	58.4	
政府委託民間機構辦理的職業訓練			
是	134	35.7	
否	241	64.3	
生活經濟來源			
親友支持			.80
從未	182	48.5	
偶爾	117	31.2	
有時	53	14.1	
常常	14	3.7	
總是	9	2.4	
儲蓄及利息			.89
從未	203	54.1	
偶爾	72	19.2	
有時	60	16.0	
常常	19	5.1	
總是	21	5.6	
投資利潤			.89

從未	280	74.6	
偶爾	59	15.7	
有時	25	6.7	
常常	8	2.1	
總是	3	.3	
撫恤金			.15
從未	342	91.2	
偶爾	15	4.0	
有時	13	3.5	
常常	3	.8	
總是	2	.5	
生活扶助			1.33
從未	208	55.5	
偶爾	29	7.7	
有時	28	7.5	
常常	28	7.5	
總是	82	21.9	
特殊境遇補助			.43
從未	293	78.1	
偶爾	39	10.4	
有時	21	5.6	
常常	9	2.4	
總是	13	3.5	
固定就業收入			2.58
從未	65	17.3	
偶爾	35	9.3	
有時	52	13.9	
常常	63	16.8	
總是	160	42.7	
贍養費			.14
從未	347	92.5	
偶爾	13	3.5	
有時	8	2.1	
常常	3	.8	
總是	4	1.1	
子女就業所得			.30
從未	318	84.8	
偶爾	25	6.7	
有時	17	4.5	

常常	8	2.1	
總是	7	1.9	
資源回收			.11
從未	346	92.3	
偶爾	20	5.3	
有時	6	1.6	
常常	2	.5	
總是	1	.3	
以工代賑			.74
從未	275	73.3	
偶爾	26	6.9	
有時	14	3.7	
常常	16	4.3	
總是	44	11.7	
鄰里及社會贊助			.38
從未	297	79.2	
偶爾	42	11.2	
有時	20	5.3	
常常	3	.8	
總是	13	3.5	
其他支持			.22
從未	340	90.7	
偶爾	14	3.7	
有時	5	1.3	
常常	5	1.3	
總是	11	2.9	
職業媒合			
－尋職頻率			2.19 月
未尋職	194	51.7	
每月二次至就業服務站登記	24	6.4	
每年一次至就業服務站登記	114	30.4	
每年二次至就業服務站登記	15	4.0	
每年三次至就業服務站登記	9	2.4	
每年四次至就業服務站登記	19	5.1	
就業安置期間			2.81 月
未安置	122	32.5	
1-2 個月以下	72	19.2	
2-3 個月以下	27	7.2	
3-4 個月以下	14	3.7	

4-5 個月以下	4	1.1	
5-6 個月以下	13	3.5	
6 個月以上	123	32.8	
公立、民間機構職業訓練課程			
保母訓練			
是	44	11.7	
否	331	88.3	
電腦基礎與應用訓練			
是	83	22.1	
否	292	77.9	
語文訓練			
是	23	6.1	
否	352	93.9	
文藝訓練			
是	10	2.7	
否	364	97.1	
科學專業訓練			
是	1	.3	
否	374	99.7	
縫紉訓練			
是	23	6.1	
否	352	93.9	
秘書專業訓練			
是	2	.5	
否	373	99.5	
保險行銷訓練			
是	17	4.5	
否	358	95.5	
售貨行銷訓練			
是	13	3.5	
否	362	96.5	
餐飲專業技術訓練			
是	17	4.5	
否	358	95.5	
導遊觀光訓練			
是	3	.8	
否	372	99.2	
小吃班訓練			
是	14	3.7	

否	361	96.3	
飲料調製班訓練			
是	10	2.7	
否	365	97.3	
中西餐烹調丙級證照訓練			
是	10	2.7	
否	365	97.3	
烘培丙級證照訓練			
是	17	4.5	
否	358	95.5	
生機餐飲訓練			
是	6	1.6	
否	369	98.4	
素食烹調訓練			
是	12	3.2	
否	363	96.8	
女子美容美體證照訓練			
是	14	3.7	
否	361	96.3	
美髮養成訓練			
是	15	4.0	
否	360	96.0	
美工廣告設計班訓練			
是	6	1.6	
否	369	98.4	
美容養成紓壓訓練			
是	18	4.8	
否	357	95.2	
家事管理員訓練			
是	21	5.6	
否	354	94.4	
平面媒體設計班訓練			
是	2	.5	
否	373	99.5	
電腦化會計實務訓練			
是	13	3.5	
否	362	96.5	
電腦軟體實務應用訓練			
是	12	3.2	

否	362	96.5	
網頁設計班訓練			
是	12	3.2	
否	363	96.8	
其他訓練			
是	172	45.9	
否	203	54.1	
尋職時對薪資期待			
比失業前高	159	42.4	
比失業前低	29	7.7	
與失業前相同	74	19.7	
無期待	113	30.1	
參訓後對薪資期待			
比未參訓前高	195	52.0	
比未參訓前低	42	11.2	
與未參訓前相同	14	3.7	
無期待	124	33.1	
對新工作內容接受程度			
要與失業前相關	71	18.9	
要與失業前不同	57	15.2	
只要有工作就好	247	65.9	
尋職方式			
報章雜誌			1.49
從未	110	29.3	
偶爾	97	25.9	
有時	81	21.6	
常常	50	13.3	
總是	37	9.9	
親友介紹			1.42
從未	119	31.7	
偶爾	80	21.3	
有時	104	27.7	
常常	45	12.0	
總是	27	7.2	
師長介紹			.52
從未	266	70.9	
偶爾	46	12.3	
有時	48	12.8	

常常	8	2.1	
總是	7	1.9	
上職業網路登記			.53
從未	282	75.2	
偶爾	30	8.0	
有時	32	8.5	
常常	19	5.1	
總是	12	3.2	
到就近的就業服務站登記			.69
從未	235	62.7	
偶爾	62	16.5	
有時	50	13.3	
常常	14	3.7	
總是	14	3.7	
參加企業求才活動			.31
從未	304	81.1	
偶爾	38	10.1	
有時	24	6.4	
常常	4	1.1	
總是	5	1.3	
就業服務輸送機制			
設立女性單親就業服務中心			
是	186	49.6	
否	189	50.4	
離家近的公立就業服務站			
是	244	65.1	
否	131	34.9	
離家近的民間訓練機構			
是	113	30.1	
否	262	69.9	
離家近的社區服務中心			
是	242	64.5	
否	133	35.5	
離家近的企業訓練中心			
是	74	19.7	
否	301	80.3	
各行政區所設的婦女服務中心			
是	164	43.7	
否	211	56.3	

各區公所民政課附設就業服務項目			
是	54	14.4	
否	321	85.6	
早日入職場方式			
就業登記機構設就業諮商服務			
是	206	54.9	
否	169	45.1	
就業登記機構設就業個管員			
是	202	53.9	
否	173	46.1	
就業登記機構設義工服務			
是	106	28.3	
否	269	71.7	
就業登記機構設全程就業電腦配對設備			
是	106	28.3	
否	269	71.7	
就業登記機構設求才企業機構即時面談項目			
是	117	31.2	
否	258	68.8	
再就業流程			6.03 天
一日	117	31.2	
三日	95	25.3	
一星期	106	28.3	
二星期	22	5.9	
一個月	27	7.2	
其他	8	2.1	
恰當待業時間			12.82 天
一星期	243	64.8	
二星期	55	14.7	
三星期	7	1.9	
一個月	51	13.6	
二個月	11	2.9	
其他	8	2.1	
符合創業方式			
特殊專業技術			
是	219	58.4	
否	156	41.6	
有足夠資金			

是	248	66.1
否	127	33.9
可貸款且利率低		
是	114	30.4
否	261	69.6
有改變傳統產業之創新能力		
是	56	14.9
否	319	85.1
有諮詢創業團隊指導		
是	110	29.3
否	265	70.7
經驗		
求職登記表簡單明瞭		
是	176	46.9
否	199	53.1
職缺符合教育程度可提高工作機會		
是	234	62.4
否	141	37.6
薪資低是無全時工作		
是	216	57.6
否	159	42.4
無工作是復職困難		
是	162	43.2
否	213	56.8
有尋職無工作		
是	191	50.9
否	184	49.1
有就業保險無需急於找工作		
是	46	12.3
否	329	87.7
一年以上失業後不想再找工作		
是	66	17.6
否	309	82.4
有政府津貼不必找工作		
是	39	10.4
否	336	89.6
工資低而不穩定不願去工作		
是	119	31.7
否	256	68.3

採部分時間工作可增收入並兼顧家庭			
是	298	79.5	
否	77	20.5	
政府採低率貸款創業可提高就業機會			
是	156	41.6	
否	219	58.4	
參加職訓可幫助找工作			
是	231	61.6	
否	143	38.1	
同意程度			
求職登記表簡單明瞭			3.51
非常不同意	9	2.4	
不同意	34	9.1	
普通	114	30.4	
同意	192	51.2	
非常同意	26	6.9	
職缺符合教育程度可提高工作機會			3.69
非常不同意	13	3.5	
不同意	18	4.8	
普通	68	18.1	
同意	248	66.1	
非常同意	28	7.5	
薪資低是無全時工作			3.46
非常不同意	17	4.5	
不同意	51	13.6	
普通	65	17.3	
同意	225	60.0	
非常同意	17	4.5	
無工作是復職困難			3.15
非常不同意	15	4.0	
不同意	119	31.7	
普通	63	16.8	
同意	150	40.0	
非常同意	28	7.5	
有尋職無工作			3.14
非常不同意	24	6.4	
不同意	106	28.3	
普通	67	17.9	
同意	150	40.0	

非常同意	28	7.5	
有就業保險無需急於找工作			2.29
非常不同意	74	19.7	
不同意	198	52.8	
普通	37	9.9	
同意	54	14.4	
非常同意	12	3.2	
一年以上失業後不想再找工作			2.77
非常不同意	72	19.2	
不同意	199	53.1	
普通	42	11.2	
同意	55	14.7	
非常同意	7	1.9	
有政府津貼不必找工作			2.10
非常不同意	97	25.9	
不同意	202	53.9	
普通	27	7.2	
同意	41	10.9	
非常同意	8	2.1	
工資低而不穩定不願去工作			2.66
非常不同意	55	14.7	
不同意	150	40.0	
普通	51	13.6	
同意	107	28.5	
非常同意	12	3.2	
採部分時間工作可增收入有兼顧家庭			3.92
非常不同意	4	1.1	
不同意	20	5.3	
普通	47	12.5	
同意	234	62.4	
非常同意	70	18.7	
政府採低率貸款創業可提高就業機會			3.54
非常不同意	15	4.0	
不同意	52	13.9	
普通	67	17.9	
同意	197	52.5	
非常同意	44	11.7	
參加職訓可幫助找工作			3.90
非常不同意	2	.5	

不同意	20	5.3	
普通	57	15.2	
同意	232	61.9	
非常同意	64	17.1	
符合自己工作價值			
學習成長			
是	211	56.3	
否	164	43.7	
自我實現			
是	117	31.2	
否	258	68.8	
生活有尊嚴			
是	148	39.5	
否	227	60.5	
可獲得良好的社會互動			
是	161	42.9	
否	214	57.1	
可獲得安全保障及經濟報酬			
是	280	74.7	
否	95	25.3	
免於生活焦慮			
是	200	53.3	
否	175	46.7	
是一種休閒娛樂			
是	12	3.2	
否	363	96.8	
工作價值重要性程度			127.71 分
能在工作中不斷獲得新知識和技術			4.20
非常不重要	2	5	
不重要	12	3.2	
普通	35	9.3	
重要	185	49.3	
非常重要	141	37.6	
能在工作中能有充分進修機會			4.20
非常不重要	6	1.6	
不重要	15	4.0	
普通	82	21.9	
重要	171	45.6	
非常重要	101	26.9	

能在工作中開創自己的工作生涯			4.00
非常不重要	6	1.6	
不重要	12	3.2	
普通	61	16.3	
重要	194	51.7	
非常重要	102	27.2	
能在工作中突破障礙			3.98
非常不重要	2	.6	
不重要	11	2.9	
普通	80	21.3	
重要	180	48.0	
非常重要	102	27.2	
能在工作中獲得升遷的機會			3.74
非常不重要	5	1.3	
不重要	23	6.1	
普通	121	32.5	
重要	141	37.6	
非常重要	84	22.4	
工作能學以致用			3.98
非常不重要	3	.8	
不重要	17	4.5	
普通	68	18.1	
重要	181	48.3	
非常重要	105	28.0	
從事符合自己興趣的工作			4.00
非常不重要	3	.8	
不重要	16	4.3	
普通	76	20.3	
重要	163	43.5	
非常重要	117	31.2	
在工作中能實現自己的人生理想			3.91
非常不重要	2	0.5	
不重要	20	5.3	
普通	88	23.5	
重要	164	43.7	
非常重要	101	26.9	
在工作中能達成自己的工作目標			4.01
非常不重要	1	0.3	
不重要	14	3.7	

普通	73	19.5	
重要	180	48	
非常重要	107	28.5	
經由工作而提昇自己的生活品質			4.19
非常不重要	0	0	
不重要	7	1.9	
普通	53	14.1	
重要	176	46.9	
非常重要	138	36.8	
能為社會做些有意義的工作			4.00
非常不重要	2	0.6	
不重要	17	4.5	
普通	68	18.1	
重要	179	47.7	
非常重要	109	29.1	
能在工作中獲得解決問題的能力			4.09
非常不重要	1	0.3	
不重要	8	2.1	
普通	71	18.9	
重要	170	45.3	
非常重要	125	33.3	
尊嚴取向			
能在工作中獲得自信與別人的肯定			4.23
非常不重要	0	0	
不重要	7	1.9	
普通	44	11.7	
重要	180	48	
非常重要	144	38.4	
工作時能獲得別人的尊重			4.24
非常不重要	0	0	
不重要	4	1.1	
普通	54	14.4	
重要	164	43.7	
非常重要	153	40.8	
工作時能對團體發揮影響力			4.05
非常不重要	2	0.5	
不重要	12	3.2	
普通	71	18.9	
重要	171	45.6	

非常重要	119	31.7	
從事的工作能獲得家人的支持			4.15
非常不重要	1	0.3	
不重要	5	1.3	
普通	64	17.1	
重要	171	45.6	
非常重要	134	35.7	
同事間能相互照顧彼此關懷			4.26
非常不重要	0	0	
不重要	6	1.6	
普通	44	11.7	
重要	172	45.9	
非常重要	152	40.5	
同事間能愉快完成一件事			4.25
非常不重要	0	0	
不重要	7	1.9	
普通	43	11.5	
重要	174	46.4	
非常重要	151	40.3	
表現與尊重取向			
工作時上司能尊重自己的意見			4.07
非常不重要	1	0.3	
不重要	8	2.1	
普通	63	16.8	
重要	196	52.3	
非常重要	107	28.5	
因工作表現良好受到賞識和讚許			4.10
非常不重要	0	0	
不重要	6	1.6	
普通	70	18.7	
重要	181	48.3	
非常重要	118	31.5	
組織安全與經濟取向			
同事間不會因個人利益而勾心鬥角			4.17
非常不重要	3	0.8	
不重要	10	2.7	
普通	54	14.4	
重要	161	42.9	
非常重要	147	39.2	

能從事有保障的工作			4.37
非常不重要	1	0.3	
不重要	2	0.5	
普通	26	6.9	
重要	176	46.9	
非常重要	170	45.3	
能在工作中獲得公平待遇			4.37
非常不重要	1	0.3	
不重要	3	0.8	
普通	27	7.2	
重要	173	46.1	
非常重要	171	45.6	
公司的薪資與績效獎金分配合理			4.28
非常不重要	1	0.3	
不重要	3	0.8	
普通	50	13.3	
重要	158	42.1	
非常重要	163	43.5	
符合勞動基準退休資格者能獲得公司發放退休金			4.34
非常不重要	2	0.5	
不重要	7	1.9	
普通	38	10.1	
重要	145	38.7	
非常重要	183	48.8	
能避免具有危險性及高度危險的工作			4.44
非常不重要	1	0.3	
不重要	0	0	
普通	31	8.3	
重要	143	38.1	
非常重要	200	53.3	
工作時間能充分配合生活作息			4.33
非常不重要	0	0	
不重要	4	1.1	
普通	42	11.2	
重要	157	41.9	
非常重要	172	45.9	
工作與休閒取向			
工作時不必經常加班			3.91
非常不重要	4	1	

不重要	15	4	
普通	91	24.3	
重要	167	44.5	
非常重要	98	26.1	
工作時不會對未來的前途感到恐懼			4.19
非常不重要	3	0.8	
不重要	5	1.3	
普通	58	15.5	
重要	160	42.7	
非常重要	149	39.7	
能有較長時間從事戶外休閒活動			3.79
非常不重要	3	0.8	
不重要	22	5.9	
普通	109	29.1	
重要	157	41.9	
非常重要	84	22.4	
工作時間彈性較大能安排自己的生活			4.08
非常不重要	1	0.3	
不重要	12	3.2	
普通	66	17.6	
重要	172	45.9	
非常重要	124	33.1	

第二節　各研究變項間之卡方分析

一、教育程度與就業保險

　　受試女性單親之教育程度與就業保險間之關係達極顯著差異水準（χ^2=12.584，P<0.05）。從百分比來看，高中職教育程度者參加就業保險最高（N=93，48.9%），國中含以下沒有參加就業保險最多（N=79，42.7%）（如表6-2-1）。

表 6-2-1　教育程度與參加就業保險間之卡方分析表

教育程度	參加就業保險			χ^2
	有	沒有	總合	
國中含以下	50 26.3	79 42.7	129 34.4	
高中職	93 48.9	78 42.2	171 45.6	12.584*
專科含以上	47 24.7	28 15.1	75 20.0	
總和	190 100.0	185 100.0	375 100.0	

*P<0.05　**P<0.01　***P<0.001

二、教育程度與就業意願培力

(一) 受試女性單親之教育程度與就業能力條件中之專業知識間達極顯著的差異水準（χ^2=35.936，P<0.001）。從百分比來看，高中職教育程度認為就業能力條件之一為專業知識為最多（N=103，46.4%），國中含以下不認為專業知識為就業能力條件之一為最多（N=74，48.4%）（如表6-2-2）。

表 6-2-2　教育程度與就業能力條件──專業知識間之卡方分析表

教育程度	專業知識			χ^2
	否	是	總合	
國中含以下	74 48.4	55 24.8	129 34.4	
高中職	68 44.4	103 46.4	171 45.6	35.936***
專科含以上	11 7.2	64 28.8	75 20.0	
總和	153 100.0	222 100.0	375 100.0	

*P<0.05　**P<0.01　***P<0.001

(二) 受試女性單親之教育程度與就業能力條件中之工作價值
　　間達極顯著的差異水準（χ^2=15.553，P<0.001）。從百分
　　比來看，高中職教育程度不認為就業能力條件之一為工作
　　價值為最多（N=130，44.4%）（如表 6-2-3）。

表 6-2-3　教育程度與就業能力條件——工作價值間之卡方分析表

教育程度	工作價值			χ^2
	否	是	總合	
國中含以下	114 38.9	15 18.3	129 34.4	
高中職	130 44.4	41 50.0	171 45.6	15.553***
專科含以上	49 16.7	26 31.7	75 20.0	
總和	293 100.0	82 100.0	375 100.0	

*P<0.05　　**P<0.01　　***P<0.001

(三) 受試女性單親之教育程度與就業能力條件中之工作時間
　　長短間達極顯著的差異水準（χ^2=12.950，P<0.05）。從百
　　分比來看，高中職教育程度不認為就業能力條件之一為工
　　作時間長短為最多（N=123，47.9%）（如表 6-2-4）。

表 6-2-4　教育程度與就業能力條件——工作時間長短間之卡方分析表

教育程度	工作時間長短			χ^2
	否	是	總合	
國中含以下	74 28.8	55 46.6	129 34.4	
高中職	123 47.9	48 40.7	171 45.6	12.950*
專科含以上	60 23.3	15 12.7	75 20.0	
總和	257 100.0	118 100.0	375 100.0	

*P<0.05　　**P<0.01　　***P<0.001

三、教育程度與生活經濟來源

(一) 受試女性單親之教育程度與生活經濟來源之儲蓄及利息
間達極顯著的差異水準（x^2=33.423，P<0.001）。從百分
比來看，高中職教育程度認為生活經濟來源偶爾為儲蓄及
利息為最多（N=30，41.7%），國中含以下從未有儲蓄及
利息為最多（N=90，44.3%）（如表6-2-5）。

表 6-2-5　教育程度與生活經濟來源──儲蓄及利息間之卡方分析表

教育程度	儲蓄及利息						x^2
	從未	偶爾	有時	常常	總是	總合	
國中含以下	90 44.3	18 25.0	13 21.7	5 26.3	3 14.3	129 34.4	
高中職	88 44.3	30 41.7	35 58.3	7 36.8	11 52.4	171 45.6	33.423***
專科含以上	25 12.3	24 33.3	12 20.0	7 36.8	7 33.3	75 20.0	
總和	203 100.0	72 100.0	60 100.0	19 100.0	21 100.0	375 100.0	

*P<0.05　　**P<0.01　　***P<0.001

(二) 受試女性單親之教育程度與生活經濟來源之投資利潤間
達極顯著的差異水準（x^2=37.231，P<0.001）。從百分比
來看，高中職教育程度認為生活經濟來源從未有投資利潤
最多（N=126，45.3%）（如表6-2-6）。

表 6-2-6　教育程度與生活經濟來源──投資利潤間之卡方分析表

教育程度	投資利潤						χ^2
	從未	偶爾	有時	常常	總是	總合	
國中含以下	114 41.0	9 15.3	4 16.0	2 25.0	─	129 34.4	
高中職	126 45.3	26 44.1	11 44.0	4 50.0	2 66.7	171 45.6	37.231***
專科含以上	38 13.7	24 40.7	10 40.0	2 25.0	1 33.3	75 20.0	
總和	278 100.0	59 100.0	25 100.0	8 100.0	3 100.0	375 100.0	

*P<0.05　**P<0.01　***P<0.001

(三) 受試女性單親之教育程度與生活經濟來源之生活扶助間達極顯著的差異水準（χ^2=63.434，P<0.001）。從百分比來看，高中職教育程度認為生活經濟來源從未有生活扶助最多（N=102，49.0%），但國中含以下則總是以生活扶助為生活經濟來源為最多（N=49，59.8%）（如表 6-2-7）。

表 6-2-7　教育程度與生活經濟來源──生活扶助間之卡方分析表

教育程度	生活扶助						χ^2
	從未	偶爾	有時	常常	總是	總合	
國中含以下	42 20.2	13 44.8	15 53.6	10 35.7	49 50.8	129 34.4	
高中職	102 49.0	13 44.8	11 39.3	17 60.7	28 34.1	171 45.6	63.434***
專科含以上	64 30.8	3 10.3	2 7.1	1 3.6	5 6.1	75 20.0	
總和	208 100.0	29 100.0	28 100.0	28 100.0	82 100.0	375 100.0	

*P<0.05　**P<0.01　***P<0.001

(四) 受試女性單親之教育程度與生活經濟來源之以工代賑收入間達極顯著的差異水準（χ^2=42.832，P<0.001）。從百分比來看，國中含以下程度認為生活經濟來源總是以工代

　　賑收入為最多（N=29，65.9%），但高中職則從未有以工
　　代賑收入為生活經濟來源為最多（N=137，49.8%）（如表
　　6-2-8）。

表 6-2-8　教育程度與生活經濟來源——以工代賑收入間之卡方分析表

教育程度	以工代賑						χ^2
	從未	偶爾	有時	常常	總是	總合	
國中含以下	70 25.5	13 50.0	8 57.1	9 56.3	29 65.9	129 34.4	
高中職	137 49.8	11 42.3	4 28.6	7 43.8	12 27.3	171 45.6	42.832***
專科含以上	68 24.7	2 7.7	2 14.3	－	3 6.8	49 13.1	
總和	275 100.0	26 100.0	14 100.0	16 100.0	44 100.0	375 100.0	

*P<0.05　　**P<0.01　　***P<0.001

四、教育程度與職業媒合——公民營機構職業訓練

（一）受試女性單親之教育程度與公民營機構辦理之電腦基礎
　　　與應用訓練課程之職業媒合間達極顯著的差異水準（χ^2
　　　=22.333，P<0.001）。從百分比來看，高中職教育程度認
　　　為公民營機構辦理之電腦基礎與應用訓練課程之職業媒
　　　合為最多（N=55，66.3%），但國中含以下則不認為公民
　　　營機構辦理之電腦基礎與應用訓練課程之職業媒合為最
　　　多（N=117，40.1%）（如表 6-2-9）。

表 6-2-9　教育程度與公民營機構職訓課程
——電腦基礎與應用間之卡方分析表

教育程度	電腦基礎與應用			χ^2
	否	是	總合	
國中含以下	117 40.1	12 14.5	129 34.4	
高中職	116 39.7	55 66.3	171 45.6	22.333***
專科含以上	59 20.2	16 19.3	75 20.0	
總和	292 100.0	83 100.0	375 100.0	

*P<0.05　**P<0.01　***P<0.001

(二) 受試女性單親之教育程度與公民營機構辦理之語文訓練
課程之職業媒合間達極顯著的差異水準（χ^2=10.363，
P<0.05）。從百分比來看，高中職教育程度不認為公民營
機構辦理之語文訓練課程之職業媒合為最多（N=157，
44.6%）（如表 6-2-10）。

表 6-2-10　教育程度與公民營機構職訓課程——語文訓練間之卡方分析表

教育程度	語文訓練			χ^2
	否	是	總合	
國中含以下	128 36.4	1 4.3	129 34.4	
高中職	157 44.6	14 60.9	171 45.6	10.363*
專科含以上	67 19.0	8 34.8	75 20.0	
總和	352 100.0	23 100.0	375 100.0	

*P<0.05　**P<0.01　***P<0.001

(三) 受試女性單親之教育程度與公民營機構辦理之烘焙丙級
證照訓練課程之職業媒合間達極顯著的差異水準（χ^2
=8.154，P<0.05）。從百分比來看，高中職教育程度不認

為公民營機構辦理之烘焙丙級證照訓練課程之職業媒合
為最多（N=166，46.4%）（如表 6-2-11）。

表 6-2-11 教育程度與公民營機構職訓課程
——烘焙丙級證照訓練間之卡方分析表

教育程度	烘焙丙級證照訓練			χ^2
	否	是	總合	
國中含以下	125 34.9	4 23.5	129 34.4	
高中職	166 46.4	5 29.4	171 45.6	8.154*
專科含以上	67 18.7	8 47.1	49 13.1	
總和	358 100.0	17 100.0	375 100.0	

*P<0.05   **P<0.01   ***P<0.001

(四) 受試女性單親之教育程度與公民營機構辦理之平面媒體
設計訓練課程之職業媒合間達極顯著的差異水準（ χ^2
=8.043，P<0.05）。從百分比來看，高中職教育程度不認
為公民營機構辦理之平面媒體設計訓練課程之職業媒合
為最多（N=171，45.8%）（如表 6-2-12）。

表 6-2-12 教育程度與公民營機構職訓課程
——平面媒體設計訓練間之卡方分析表

教育程度	平面媒體設計訓練			χ^2
	否	是	總合	
國中含以下	129 34.6	—	129 34.4	
高中職	171 45.8	—	171 45.6	8.043*
專科含以上	73 19.6	2 100.0	75 20.0	
總和	373 100.0	2 100.0	375 100.0	

*P<0.05   **P<0.01   ***P<0.001

(五) 受試女性單親之教育程度與公民營機構辦理之電腦化會計實務訓練課程之職業媒合間達極顯著的差異水準（χ^2=7.594，P<0.05）。從百分比來看，高中職教育程度不認為公民營機構辦理之電腦化會計實務訓練課程之職業媒合為最多（N=161，44.5%）（如表6-2-13）。

表 6-2-13　教育程度與公民營機構職訓課程
——電腦化會計實務訓練間之卡方分析表

教育程度	電腦化會計實務訓練			χ^2
	否	是	總合	
國中含以下	129 35.6	—	129 34.4	
高中職	161 44.5	10 76.9	171 45.6	7.594*
專科含以上	72 19.9	3 23.1	75 20.0	
總和	362 100.0	13 100.0	375 100.0	

*P<0.05　**P<0.01　***P<0.001

(六) 受試女性單親之教育程度與公民營機構辦理之其他訓練課程之職業媒合間達極顯著的差異水準（χ^2=14.060，P<0.001）。從百分比來看，高中職教育程度不認為公民營機構辦理之其他訓練課程之職業媒合為最多（N=107，52.7%）（如表6-2-14）。

表 6-2-14　教育程度與公民營機構職訓課程——其他訓練間之卡方分析表

教育程度	其他訓練			χ^2
	否	是	總合	
國中含以下	53 26.1	76 44.2	129 34.4	
高中職	107 52.7	64 37.2	171 45.6	14.060*
專科含以上	43 21.2	32 18.6	75 20.0	
總和	203 100.0	172 100.0	375 100.0	

*P<0.05　**P<0.01　***P<0.001

五、教育程度與職業媒合——尋職方式

　　受試女性單親之教育程度與網路登記之職業媒合間達極顯著的差異水準（χ^2=30.643，P<0.001）。從百分比來看，高中職教育程度從未以網路登記之職業媒合為最多（N=126，44.7%）（如表 6-2-15）。

表 6-2-15　教育程度與尋職方式——網路登記間之卡方分析表

教育程度	網路登記						χ^2
	從未	偶爾	有時	常常	總是	總合	
國中含以下	110 39.0	8 26.7	11 34.4	— 	— 	129 34.4	
高中職	126 44.7	9 30.0	14 43.8	14 73.7	8 66.7	171 45.6	30.643***
專科含以上	46 16.3	13 43.3	7 21.9	5 26.3	4 33.3	49 13.1	
總和	282 100.0	30 100.0	32 100.0	19 100.0	12 100.0	375 100.0	

*P<0.05　**P<0.01　***P<0.001

六、教育程度與就業服務輸送機制

(一) 受試女性單親之教育程度與早日進職場方式之一就業機構設有義工協助之職業媒合間達極顯著的差異水準（χ^2=9.217，P<0.05）。從百分比來看，高中職教育程度不認為早日進職場方式之一就業機構設有義工協助之職業媒合為最多（N=120，44.6%）（如表 6-2-16）。

表 6-2-16　教育程度與早入職場方式
──就業機構設有義工協助間之卡方分析表

教育程度	就業機構設有義工協助			χ^2
	否	是	總合	
國中含以下	85 31.6	44 41.5	129 34.4	
高中職	120 44.6	51 48.1	171 45.6	9.217*
專科含以上	64 23.8	11 10.4	75 20.0	
總和	269 100.0	106 100.0	375 100.0	

*P<0.05　**P<0.01　***P<0.001

(二) 受試女性單親之教育程度與早日進職場方式之一離家近的社區服務中心之職業媒合間達極顯著的差異水準（χ^2=11.337，P<0.05）。從百分比來看，高中職教育程度認為早日進職場方式之一就業機構設有義工協助之職業媒合為最多（N=99，40.9%）（如表 6-2-17）。

表 6-2-17　教育程度與再就業協助
──離家近的社區服務中心間之卡方分析表

教育程度	離家近的社區服務中心			χ^2
	否	是	總合	
國中含以下	31 23.3	98 40.5	129 34.4	
高中職	72 54.1	99 40.9	171 45.6	11.337*
專科含以上	30 22.6	45 18.6	75 20.0	
總和	133 100.0	242 100.0	375 100.0	

*P<0.05　**P<0.01　***P<0.001

(三) 受試女性單親之教育程度與早日進職場方式之一離家
　　近的企業訓練中心之職業媒合間達極顯著的差異水準
　　（χ^2=10.106，P<0.05）。從百分比來看，高中職教育程度
　　不認為早日進職場方式之一離家近的企業訓練中心之職
　　業媒合為最多（N=134，44.5%）（如表 6-2-18）。

表 6-2-18　教育程度與再就業協助
──離家近的企業訓練中心間之卡方分析表

教育程度	離家近的企業訓練中心			χ^2
	否	是	總合	
國中含以下	114 37.9	15 20.3	129 34.4	
高中職	134 44.5	37 50.0	171 45.6	10.106*
專科含以上	53 17.6	22 29.7	75 20.0	
總和	301 100.0	74 100.0	375 100.0	

*P<0.05　**P<0.01　***P<0.001

七、教育程度與實現人生目標之工作價值

(一) 受試女性單親之教育程度與實現人生目標重要性取向之一之充分進修機會間達極顯著的差異水準（χ^2=21.842，P<0.05）。從百分比來看，高中職教育程度認為實現人生目標重要性之一之充分進修機會之重要性為最多（N=80，46.8%）（如表 6-2-19）。

表 6-2-19　教育程度與實現人生目標重要性程度
——充分進修機會間之卡方分析表

| 教育程度 | 充分進修機會 | | | | | | χ^2 |
	非常不重要	不重要	普通	重要	非常重要	總合	
國中含以下	5 83.3	9 60.0	34 41.5	60 35.1	21 20.8	129 100.0	
高中職	1 16.7	4 26.7	31 37.8	80 46.8	55 54.5	171 100.0	21.842**
專科含以上	－	2 13.3	17 20.7	31 18.1	25 24.8	75 20.0	
總和	6 100.0	15 100.0	82 100.0	171 100.0	101 100.0	375 100.0	

*P<0.05　　**P<0.01　　***P<0.001

(二) 受試女性單親之教育程度與實現人生目標重要性取向之一開創自己工作生涯間達極顯著的差異水準（χ^2=23.334，P<0.05）。從百分比來看，高中職教育程度認為實現人生目標重要性之一開創自己工作生涯之重要性為最多（N=83，42.8%）（如表 6-2-20）。

表 6-2-20   教育程度與實現人生目標重要性程度
　　　　　　——開創自己工作生涯間之卡方分析表

教育程度	開創自己工作生涯						χ^2
	非常不重要	不重要	普通	重要	非常重要	總合	
國中含以下	5 83.3	8 66.7	24 39.3	71 36.6	21 20.6	129 100.0	
高中職	1 16.7	2 16.7	25 41.0	83 42.8	60 58.8	171 100.0	23.334**
專科	–	2 16.7	12 19.7	40 20.6	21 20.6	75 20.0	
總和	6 100.0	12 100.0	61 100.0	194 100.0	102 100.0	375 100.0	

*P<0.05   **P<0.01   ***P<0.001

(三) 受試女性單親之教育程度與實現人生目標重要性取向之
一獲得升遷機會間達極顯著的差異水準（ χ^2=26.752，
P<0.05）。從百分比來看，高中職教育程度認為實現人生
目標重要性之一獲得升遷機會之重要性為最多（N=59，
41.8%）（如表 6-2-21）。

表 6-2-21   教育程度與實現人生目標重要性程度
　　　　　　——獲得升遷機會間之卡方分析表

教育程度	獲得升遷機會						χ^2
	非常不重要	不重要	普通	重要	非常重要	總合	
國中含以下	4 80.0	9 39.1	48 39.3	50 35.5	18 21.4	129 100.0	
高中職	1 20.0	9 39.1	45 36.9	59 41.8	57 67.9	171 100.0	26.752*
專科含以上	–	5 21.7	29 23.8	32 22.7	9 10.7	75 20.0	
總和	5 100.0	23 100.0	122 100.0	141 100.0	84 100.0	375 100.0	

*P<0.05   **P<0.01   ***P<0.001

(四) 受試女性單親之教育程度與實現人生目標重要性取向之一實現自己人生理想間達極顯著的差異水準（χ^2=16.705，P<0.05）。從百分比來看，高中職教育程度認為實現人生目標重要性之一實現自己人生理想之重要性為最多（N=63，38.4%）（如表6-2-22）。

表6-2-22　教育程度與實現人生目標重要性程度
——實現自己人生理想間之卡方分析

教育程度	實現自己人生理想						χ^2
	非常不重要	不重要	普通	重要	非常重要	總合	
國中含以下	1 50.0	11 55.0	32 36.4	61 37.2	24 23.8	129 100.0	
高中職	1 50.0	7 35.0	45 51.1	63 38.4	55 5.52	171 100.0	16.705*
專科含以上	—	2 10.0	11 12.5	40 24.4	22 21.8	75 20.0	
總和	2 100.0	20 100.0	88 100.0	164 100.0	101 100.0	375 100.0	

*P<0.05　**P<0.01　***P<0.001

(五) 受試女性單親之教育程度與實現人生目標重要性取向之一達成自己工作目標間達極顯著的差異水準（χ^2=19.172，P<0.05）。從百分比來看，高中職教育程度認為實現人生目標重要性之一達成自己工作目標之重要性為最多（N=71，39.4%）（如表6-2-23）。

表 6-2-23　教育程度與實現人生目標重要性程度
——達成自己工作目標間之卡方分析

教育程度	達成自己工作目標						χ^2
	非常不重要	不重要	普通	重要	非常重要	總合	
國中含以下	1 100.0	10 71.4	22 30.1	69 53.5	27 25.2	129 100.0	
高中職	－	3 21.4	38 52.1	71 39.4	59 55.1	171 100.0	19.172*
專科含以上	－	1 7.1	13 17.8	40 22.2	21 19.6	75 20.0	
總和	1 100.0	14 100.0	73 100.0	180 100.0	107 100.0	375 100.0	

*P<0.05　**P<0.01　***P<0.001

(六) 受試女性單親之教育程度與實現人生目標重要性取向之
一提昇自己生活品質間達極顯著的差異水準（ χ^2
=17.470，P<0.05）。從百分比來看，高中職教育程度認為
實現人生目標重要性之一提昇自己生活品質非常重要為
最多（N=76，55.1%）（如表 6-2-24）。

表 6-2-24　教育程度與實現人生目標重要性程度
——提昇自己生活品質間之卡方分析

教育程度	提昇自己生活品質						χ^2
	非常不重要	不重要	普通	重要	非常重要	總合	
國中含以下	－	6 85.7	23 43.4	64 36.4	36 26.1	129 100.0	
高中職	－	1 14.3	18 34.0	75 42.6	76 55.1	171 100.0	17.470*
專科含以上	－	－	12 22.6	37 21.0	26 18.8	75 20.0	
總和	－	7 100.0	53 100.0	176 100.0	138 100.0	375 100.0	

*P<0.05　**P<0.01　***P<0.001

(七) 受試女性單親之教育程度與實現人生目標重要性取向之
一為社會做些有意義的工作間達極顯著的差異水準（ χ^2
=30.540，P<0.05）。從百分比來看，高中職教育程度認為
實現人生目標重要性之一為社會做些有意義的工作之重
要性為最多（N=71，39.7%）（如表 6-2-25）。

表 6-2-25　教育程度與實現人生目標重要性程度
　　　　　——為社會做些有意義的工作間之卡方分析

| 教育程度 | 為社會做些有意義的工作 | | | | | | χ^2 |
	非常不重要	不重要	普通	重要	非常重要	總合	
國中含以下	2 100.0	9 52.9	22 32.4	69 38.5	27 24.8	129 100.0	
高中職	－	7 41.2	31 45.6	71 39.7	62 56.9	171 100.0	30.540*
專科含以上	－	1 5.9	15 22.1	39 21.8	20 18.3	75 100.0	
總和	2 100.0	17 100.0	68 100.0	179 100.0	109 100.0	375 100.0	

*P<0.05　　**P<0.01　　***P<0.001

(八) 受試女性單親之教育程度與實現人生目標重要性取向之
一獲得別人尊重間達極顯著的差異水準（ χ^2=18.347，
P<0.05）。從百分比來看，高中職教育程度認為實現人生
目標重要性之一獲得別人尊重之非常重要性為最多
（N=83，54.2%）（如表 6-2-26）。

表 6-2-26   教育程度與尊嚴取向重要性程度
——獲得別人尊重間之卡方分析

教育程度	獲得別人尊重						χ^2
	非常不重要	不重要	普通	重要	非常重要	總合	
國中含以下	－	4 100.0	26 48.1	57 34.8	42 27.5	129 100.0	
高中職	－	－	17 31.5	71 43.3	83 54.2	171 100.0	18.347*
專科含以上	－	－	11 20.4	36 22.0	28 18.3	75 20.0	
總和	－	4 100.0	54 100.0	164 100.0	153 100.0	375 100.0	

*P<0.05   **P<0.01   ***P<0.001

(九) 受試女性單親之教育程度與實現人生目標重要性取向之一表現良好受到賞識和讚許間達極顯著的差異水準（χ^2=20.980，P<0.05）。從百分比來看，高中職教育程度認為實現人生目標重要性之一表現良好受到賞識和讚許之重要性為最多（N=82，45.3%）（如表 6-2-27）。

表 6-2-27   教育程度與表現與尊重取向重要性程度
——表現良好受到賞識和讚許間之卡方分析

教育程度	表現良好受到賞識和讚許						χ^2
	非常不重要	不重要	普通	重要	非常重要	總合	
國中含以下	－	5 83.3	36 51.4	56 30.9	32 27.1	129 100.0	
高中職	－	1 16.7	25 35.7	82 45.3	63 53.4	171 100.0	20.980*
專科含以上	－	－	9 12.9	43 23.8	23 19.5	75 20.0	
總和	－	6 100.0	70 100.0	181 100.0	118 100.0	375 100.0	

*P<0.05   **P<0.01   ***P<0.001

八、教育程度與組織安全與經濟之工作價值

受試女性單親之教育程度與組織安全與經濟重要性取向之一公司薪資與績效獎金分配合理間達極顯著的差異水準（χ^2=36.450，P<0.05）。從百分比來看，高中職教育程度認為組織安全與經濟重要性取向之一公司薪資與績效獎金分配合理之非常重要性為最多（N=89，54.6%）（如表 6-2-28）。

表 6-2-28　教育程度與組織安全與經濟重要性程度
　　　　　　——公司薪資與績效獎金分配合理間之卡方分析

教育程度	公司薪資與績效獎金分配合理						χ^2
	非常不重要	不重要	普通	重要	非常重要	總合	
國中含以下	–	3 100.0	22 44.0	58 36.7	46 28.2	129 100.0	
高中職	–	–	18 36.0	64 40.5	89 54.6	171 100.0	36.450*
專科	1 100.0	–	10 20.0	36 22.8	28 17.2	75 20.0	
總和	1 100.0	3 100.0	50 100.0	158 100.0	163 100.0	375 100.0	

*P<0.05　　**P<0.01　　***P<0.001

九、教育程度與工作休閒之工作價值

受試女性單親之教育程度與工作休閒重要性取向之一工作時不必加班間達極顯著的差異水準（χ^2=18.878，P<0.05）。從百分比來看，高中職教育程度認為工作休閒重要性取向之一工作時不必加班重要性為最多（N=80，47.9%）（如表 6-2-29）。

表 6-2-29　教育程度與工作休閒重要性程度
──工作時不必加班間之卡方分析表

| 教育程度 | 工作時不必加班 | | | | | | χ^2 |
	非常不重要	不重要	普通	重要	非常重要	總合	
國中含以下	2 50.0	7 46.7	46 50.5	48 28.7	26 20.2	129 100.0	
高中職	1 25.0	7 46.7	31 34.1	80 47.9	52 30.4	171 100.0	18.878*
專科	1 25.0	1 6.7	14 15.4	39 23.4	15 30.6	75 20.0	
總和	4 100.0	15 100.0	91 100.0	167 100.0	98 100.0	375 100.0	

*P<0.05　**P<0.01　***P<0.001

十、每月收入與就業保險

　　受試女性單親每月收入與工作期間參加就業保險間達極顯著的差異水準（χ^2=14.768，P<0.001）。從百分比來看，收入三萬元以下者在工作期間無參加就業保險為最多（N=153，55.2%），收入在三萬元以上者在工作期間參加就業保險為最多（N=66，67.3%）（如表 6-2-30）。

表 6-2-30　每月收入與參加就業保險間之卡方分析表

| 每月收入 | 就業保險 | | | χ^2 |
	有	沒有	總合	
三萬元以下	124 44.8	153 55.2	277 73.9	
三萬元以上	66 67.3	32 32.7	98 26.1	14.768***
總和	190 50.7	185 49.3	375 100.0	

*P<0.05　**P<0.01　***P<0.001

十一、每月收入與失業因子

　　受試女性單親每月收入與失業原因間達顯著的差異水準（χ^2=9.097，P<0.05）。從百分比來看，自願離職失業在收入三萬元以上者為最多（N=76，77.6%）（如表 6-2-31）。

表 6-2-31　每月收入與失業因子──失業原因間之卡方分析表

每月收入	失業原因			χ^2
	自願離職	非自願離職	總合	
三萬元以下	168 60.6	109 39.4	277 73.9	9.097*
三萬元以上	76 77.6	22 22.4	98 26.1	
總和	244 65.1	131 34.9	375 100.0	

*P<0.05　**P<0.01　***P<0.001

十二、每月收入與意願培力

　　(一) 受試女性單親每月收入與就業能力條件之一的專業知識間達顯著的差異水準（χ^2=9.642，P<0.05）。從百分比來看，收入三萬元以下及三萬元以上者均認為就業能力條件之一是專業知識為最多（N=151，54.5%；N=71，72.4%）（如表 6-2-32）。

表 6-2-32　每月收入與就業能力條件──專業知識間之卡方分析表

每月收入	專業知識			χ^2
	否	是	總合	
三萬元以下	126 45.5	151 54.5	277 73.9	9.642*
三萬元以上	27 27.6	71 72.4	98 26.1	
總和	153 40.8	222 59.2	375 100.0	

*P<0.05　**P<0.01　***P<0.001

(二) 受試女性單親每月收入與就業能力條件之一的工作價
值間達顯著的差異水準（χ^2=4.634，P<0.05）。從百分
比來看，收入三萬元以下及三萬元以上者均認為就業能
力條件之一不是工作價值為最多（N=224，80.9%；
N=69，70.4%）（如表6-2-33）。

表 6-2-33　每月收入與就業能力條件——工作價值間之卡方分析表

每月收入	工作價值			χ^2
	否	是	總合	
三萬元以下	224 80.9	53 19.1	277 73.9	4.634*
三萬元以上	69 70.4	29 29.6	98 26.1	
總和	293 78.1	82 21.9	375 100.0	

*P<0.05　　**P<0.01　　***P<0.001

(三) 受試女性單親每月收入與就業能力條件之一的工作時
間長短間達顯著的差異水準（χ^2=10.557，P<0.01）。從
百分比來看，收入三萬元以下及三萬元以上者均認為就
業能力條件之一不是工作時間長短為最多（N=177，
63.9%；N=80，81.6%）（如表6-2-34）。

表 6-2-34　每月收入與就業能力條件——工作時間長短間之卡方分析表

每月收入	工作時間長短			χ^2
	否	是	總合	
三萬元以下	177 63.9	100 36.1	277 73.9	10.557**
三萬元以上	80 81.6	18 18.4	98 26.1	
總和	257 68.5	118 31.5	375 100.0	

*P<0.05　　**P<0.01　　***P<0.001

十三、每月收入與訓練課程

(一) 受試女性單親每月收入與參加公民營機構職業訓練課程
之保母訓練、語文訓練、秘書專業訓練、保險行銷訓練、
飲料調製訓練、電腦軟體實務應用訓練等之間達顯著的
差異水準（χ^2=10.557，P<0.01；χ^2=11.722，P<0.01；
χ^2=5.683，P<0.05；χ^2=5.683，P<0.05；χ^2=6.629，
P<0.05；χ^2=10.557，P<0.01）。從百分比來看，收入三
萬元以下及三萬元以上者均從未參加公民營機構職業訓
練課程——保母訓練、語文、秘書專業訓練、保險行銷
訓練、電腦軟體實務應用訓練等之職業媒合為最多
（N=252，91.0%；N=79，80.6% 如表 6-2-35；N=267，
96.4%；N=85，86.7% 表 6-2-36；N=277，100.0%；N=96，
98.0% 表 6-2-37；N=269，97.1%；N=89，90.8% 表
6-2-38；N=271，98.2%；N=91，92.9% 表 6-2-39）。

表 6-2-35　每月收入與公民營機構職業訓練課程
——保母訓練間之卡方分析表

每月收入	保母訓練			χ^2
	否	是	總合	
三萬元以下	252 91.0	25 9.0	277 73.9	10.557**
三萬元以上	79 80.6	19 19.4	98 26.1	
總和	331 88.3	44 11.7	375 100.0	

*P<0.05　**P<0.01　***P<0.001

表 6-2-36　每月收入與公民營機構職業訓練課程
──語文訓練間之卡方分析表

每月收入	語文訓練			χ^2
	否	是	總合	
三萬元以下	267 96.4	10 3.6	277 73.9	11.722**
三萬元以上	85 86.7	13 13.3	98 26.1	
總和	352 93.9	23 6.1	375 100.0	

*P<0.05　　**P<0.01　　***P<0.001

表 6-2-37　每月收入與公民營機構職業訓練課程
──秘書專業訓練間之卡方分析表

每月收入	秘書專業訓練			χ^2
	否	是	總合	
三萬元以下	277 100.0	─	277 73.9	5.683*
三萬元以上	96 98.0	2 2.0	98 26.1	
總和	373 99.5	2 .5	375 100.0	

*P<0.05　　**P<0.01　　***P<0.001

表 6-2-38　每月收入與公民營機構職業訓練課程
──保險行銷訓練間之卡方分析表

每月收入	保險行銷訓練			χ^2
	否	是	總合	
三萬元以下	269 97.1	8 2.9	277 73.9	6.629*
三萬元以上	89 90.8	9 9.2	98 26.1	
總和	358 95.5	17 4.5	375 100.0	

*P<0.05　　**P<0.01　　***P<0.001

表 6-2-39　每月收入與公民營機構職業訓練課程
——電腦軟體實務應用訓練間之卡方分析表

每月收入	電腦軟體實務應用訓練			χ^2
	否	是	總合	
三萬元以下	271 98.2	5 1.8	277 73.9	
三萬元以上	91 92.9	7 7.1	98 26.1	10.557**
總和	362 96.8	12 3.2	375 100.0	

*P<0.05　**P<0.01　***P<0.001

十四、行業與就業服務輸送

　　受試女性單親失業前行業與就業服務輸送機制是到離家近的社區服務中心協助等之間達顯著的差異水準（χ^2=11.477，P<0.05）。從百分比來看，服務業者認為是到離家近的社區服務中心尋求協助為最多（N=151，40.3%）（如表 6-2-40）。

表 6-2-40　失業前行業與再就業協助
——離家近的社區服務中心間之卡方分析表

失業前行業	離家近的社區服務中心			χ^2
	否	是	總合	
農業	1 .3	8 2.1	9 2.4	
工業	5 1.3	31 8.3	36 9.6	
服務業	90 24.0	151 40.3	241 64.3	11.477*
其他	37 9.9	52 13.9	89 23.7	
總和	123 35.4	242 64.6	375 100.0	

*P<0.05　**P<0.01　***P<0.001

十五、行業與工作價值影響因素

受試女性單親失業前行業與實現人生目標重要性程度之從事符合自己興趣、達成自己工作目標等之間達顯著的差異水準（χ^2=25.636，P<0.05；χ^2=21.744，P<0.05）。從百分比來看，服務業者認為要實現人生目標是以從事符合自己興趣、達成自己工作目標為重要性程度最多（N=101，26.9%；N=110，29.3%）（如表 6-2-41、表 6-2-42）。

表 6-2-41　失業前行業與實現人生目標
——從事符合自己興趣工作間之卡方分析表

失業前行業	從事符合自己興趣工作						χ^2
	非常不重要	不重要	普通	重要	非常重要	總合	
農業	–	1 .3	–	7 1.9	1 .3	9 2.4	
工業	2 .5	4 1.1	6 1.6	16 4.3	8 2.1	36 9.6	
服務業	1 .3	10 2.7	50 13.3	101 26.9	79 21.1	241 64.3	25.636*
其他	–	1 .3	20 5.3	39 10.4	29 7.7	89 23.7	
總和	3 .8	16 4.3	76 20.3	163 43.5	117 31.2	375 100.0	

*P<0.05　**P<0.01　***P<0.001

表 6-2-42 失業前行業與實現人生目標
——達成自己工作目標間之卡方分析表

失業前行業	達成自己工作目標						χ^2
	非常不重要	不重要	普通	重要	非常重要	總合	
農業	–	–	2 .5	6 1.6	1 .3	9 2.4	
工業	1 .3	4 1.1	4 1.1	20 5.3	7 1.9	36 9.6	
服務業	–	9 2.4	49 13.1	110 29.3	73 19.5	241 64.3	21.744*
其他	–	1 .3	18 4.8	44 11.7	26 6.9	89 23.7	
總和	1 .3	14 3.7	73 19.5	180 48.0	107 28.5	375 100.0	

*P<0.05　**P<0.01　***P<0.001

　　綜合上述，教育程度與就業保險間；與就業能力條件中之專業知識、工作價值、工作時間長短等之間有達顯著差異水準。

　　教育程度與生活經濟來源中之儲蓄及利息、投資利潤、生活扶助、以工代賑等之間有達顯著差異水準。

　　教育程度與職業媒合之公民營機構職業訓練課程之電腦基礎與應用、語文訓練、烘焙丙級證照、平面媒體設計、電腦化會計實務及其他訓練課程等之間有達顯著差異水準。

　　教育程度與尋職方式之網路登記間有達顯著差異水準。

　　教育程度與就業服務輸送之早日進入職場方法中之就業機構設有義工協助、離家近的社區服務中心、離家近的企業訓練中心等之職業媒合間有達顯著差異水準。

　　教育程度與影響工作價值因素之實現人生目標取向中的充分進修機會、開創自己工作生涯、獲得升遷機會、實現自己人生理想、達成自己工作目標、提昇自己生活品質、為社會做些有意義的工作等之間有達顯著差異水準。

　　教育程度與尊嚴取向重要程度之獲得別人尊重之間有達顯著差異水準。

　　教育程度與表現尊重取向重要程度之表現良好受到賞識和讚許之間有達顯著差異水準。

　　教育程度與組織安全與經濟取向之公司薪資與績效獎金分配合理之間有達顯著差異水準。

　　教育程度與影響工作價值因素之組織安全與經濟取向中的公司薪資與績效獎金分配合理間有達顯著差異水準。

　　教育程度與影響工作價值因素之工作與休閒取向中的工作時不必加班間有達顯著差異水準。

　　每月收入與就業經驗與經濟層次之就業保險、失業原因等之間有達顯著差異水準。

　　每月收入與就業意願與培力層次之就業能力條件之專業知識、工作價值、工作時間長短等之間有達顯著差異水準。

　　每月收入與職業媒合層次之職業訓練課程之保母訓練、語文訓練、秘書專業訓練、保險行銷訓練、電腦軟體實務應用訓練等之間有達顯著差異水準。

　　行業與就業服務輸送之到離家近的社區服務中心協助之間有達顯著差異水準。

　　行業與工作價值影響因素之實現人生目標取向之從事符合自己興趣、達成自己工作目標等之間有達顯著差異水準。

第三節　量表因素分析

一、工作價值量表

　　在工作價值量表中，是以五點尺度測量，即「非常不重要」給1分、「不重要」給2分、「普通」給3分、「重要」給4分、「非常重要」給5分。而得分愈高者表示受試女性單親得到的工作價值愈高。以主要成分分析，採極變法（varimax）方式，找出五種因素其固有值（eignvalue）均大於1。

　　第一因素命名為「實現人生目標」，第二因素命名為「組織安全與經濟」，第三因素命名為「尊嚴取向」，第四因素命名為「工作與休閒」，第五因素命名為「表現與尊重」。第一因素比值最大，占總解釋量的 23.524%；第二因素比值占總解釋量的 15.053%，第三因素比值占總解釋量的 14.537%，第四因素比值占總解釋量的 9.095%，第五因素比值占總解釋量的 6.642%（如表 6-3-1）。

表 6-3-1　工作價值影響因素之因素分析

題　　　目	因素一 實現人生目標	因素二 組織安全與經濟	因素三 尊嚴取向	因素四 工作與休閒	因素五 表現與尊重
3. 能在工作中開創自己的工作生涯	.781				
8. 在工作中實現自己的人生理想	.775				
2. 再工作中能有充分的進修機會	.764				
9. 在工作中能達成自己的工作目標	.759				
7. 從事符合自己興趣的工作	.732				

6. 工作能學以致用	.732			
1. 能在工作中不斷獲得新知識和技術	.707			
4. 能在工作中突破障礙	.696			
11. 能為社會做些有意義的工作	.621			
10. 經由工作而提昇自己的生活品質	.606			
5. 能在工作中獲得升遷的機會	.599			
12. 能在工作中獲得解決問題的能力	.572			
23. 能在工作中得公平待遇		.784		
24. 公司的薪資與績效獎金分配合理		.783		
25. 符合勞動基準退休資格者能獲得公司發放退休金		.761		
26. 能避免具有危險性及高度危險的工作		.706		
22. 能從事有保障的工作		.583		
27. 工作時間能充分配合生活作息		.530		
21. 同事間不會因個人利益而勾心鬥角		.490		
18. 同事間能愉快完成一件事			.797	
17. 同事間能相互照顧彼此關懷			.762	
14. 工作時能獲得別人的尊重			.660	

16.從事的工作能獲得家人的支持			.638		
13.能在工作中獲得自信與別人的肯定			.629		
15.工作時能對團體發揮影響力			.546		
30.能有較長時間從事戶外休閒活動				.795	
28.工作時不必經常加班				.733	
31.工作時間彈性較大安排自己的生活				.707	
29.工作時不會對未來的前途感到恐懼				.521	
20.因工作表現良好受到賞識和讚許					.658
19.工作時上司能尊重自己的意見					.614
總變異數	23.524	15.053	14.537	9.095	6.642
α	.9440	.8955	.9126	.8142	

二、生活經濟來源量表

在生活經濟量表中，是以五點尺度測量，即「從未」給 0 分、「偶爾」給 1 分、「有時」給 2 分、「常常」給 3 分、「總是」給 4 分。而得分愈高者表示受試女性單親得到的生活經濟來源愈多元。以主要成分分析，採極變法（varimax）方式，找出五種因素其固有值（eignvalue）均大於 1。

第一因素命名為「個人利益」，第二因素命名為「政府補助」。第一因素比值最大，占總解釋量的 29.282%，第二因素比值占總解釋量的 23.257%（如表 6-3-2）。

表 6-3-2　生活經濟來源之因素分析

題目	因素一 個人利益	因素二 政府補助
2.經濟來源是由儲蓄及利息	.741	
3.經濟來源是投資利潤	.730	
4.經濟來源是撫恤金	.659	
11.以工代賑		.707
5.生活扶助		.633
6.特殊境遇婦女家庭扶助		.422
總變異數	29.282	23.257
α	.5248	.4243

第四節　新貧、舊貧之 t 檢定分析

一、新貧、舊貧在「生活經濟來源」與「職業媒合」及「就業服務輸送」

　　新舊貧間有自己的固定收入狀況、個人利益、政府補助、尋職方法、等待就業時間等達顯著差異（t=-5.665，P<0.001；t=-6.462，P<0.001；t=12.234，P<0.001；t=-1.185，P<0.05；t=-1.293，P<0.05）。從平均數來看，新貧較舊貧者有自己固定收入、個人、尋職方法多元化、等待就業時間等為高，但舊貧在政府補助部分較新貧為高（如表 6-4-1）。

表 6-4-1　新舊貧在生活經濟來源與職業媒合及服務輸送機制之 t 檢定

項目	個數	平均數	標準差	t 值	顯著性
自己固定收入					
0 舊貧	277	2.34	1.516	-5.665***	.000
1 新貧	98	3.27	1.344		
個人利益					
0 舊貧	277	1.03	1.588	-6.462***	.000
1 新貧	98	2.58	2.175		
政府補助					
0 舊貧	277	3.20	2.846	12.234***	.000
1 新貧	98	.50	1.379		
尋職頻率					
0 舊貧	277	2.15	5.679	-.262	.375
1 新貧	98	2.33	6.154		
就業安置					
0 舊貧	277	3.00	2.514	2.445	.485
1 新貧	98	2.27	2.627		
尋職方法					
0 舊貧	277	4.82	3.167	-1.185*	.013
1 新貧	98	5.36	4.112		
再就業手續					
0 舊貧	277	5.78	7.339	-1.077	.314
1 新貧	98	6.73	7.996		
就業等待時間					
0 舊貧	277	12.32	10.923	-1.293*	.028
1 新貧	98	14.22	13.017		

*P<0.05　　**P<0.01　　***P<0.001

(一) 表 6-4-1-1 顯示，女性單親每月收入與經濟來源──親友
支持、儲蓄利息、投資利潤、撫恤金、生活扶助、特殊境
遇扶助、固定收入、贍養費、子女就業所得、資源回收、

　　以工代賑、鄰里捐助等十二項生活經濟來源達顯著差異
　　（t=.179，P<0.05；t=-5.380，P<0.01；t=-5.356，P<0.001；
　　t=-2.165，P<0.001；t=11.168，P<0.001；t=4.352，P<0.001；
　　t=-5.665，P<0.001；t=-2.352，P<0.001；t=1.296，P<0.05；
　　t=3.161，P<0.001；t=8.162，P<0.001；t=6.613，P<0.001）。
　　從平均數來看，收入在三萬元以下之女性單親的經濟來源
　　中之親友支持、生活扶助、特殊境遇扶助、子女就業所得、
　　資源回收、以工代賑、鄰里捐助等均高於收入在三萬元以
　　上之女性單親。而收入在三萬元以上之女性單親的經濟來
　　源中之儲蓄利息、投資利潤、撫恤金、固定收入、贍養費
　　等均高於收入在三萬元以下之女性單親。

(二.) 表 6-4-1-2 顯示，女性單親每月收入與職業媒合──尋職
　　頻率、就業安置等無達顯著差異。但每月收入與尋職方式
　　中之師長介紹、網路登記、就業服務站登記、企業求才活
　　動登記等達顯著差異（t=-3.148，P<0.001；t=1.256，
　　P<0.05；t=4.882，P<0.001；t=-2.158，P<0.001）。從平均
　　數來看，收入在三萬元以上女性單親的求職方式中之師長
　　介紹、網路登記、企業求才活動登記等方式均高於收入在
　　三萬元以下之女性單親。但收入在三萬元以下之女性單親
　　到就業服務站登記高於收入在三萬元以上之女性單親。

表 6-4-1-1　每月收入與生活來源各項間之 t 檢定

每月收入 經濟來源	個數	平均數	標準差	t	顯著性
親友支持					
三萬元以下	277	.81	.911	.179*	.043
三萬元以上	98	.79	1.151		
儲蓄利息					
三萬元以下	277	.68	1.067	-5.380**	.002
三萬元以上	98	1.47	1.302		
投資利潤					
三萬元以下	276	.24	.616	-5.356***	.000
三萬元以上	97	.81	.993		
撫恤金					
三萬元以下	177	.10	.408	-2.165***	.000
三萬元以上	98	.30	.840		
生活扶助					
三萬元以下	277	1.71	1.729	11.168***	.000
三萬元以上	98	.23	.810		
特殊境遇 扶助				4.352***	.000
三萬元以下	277	.52	1.058		
三萬元以上	98	.16	.512		
固定收入					
三萬元以下	277	2.34	1.516	-5.665***	.000
三萬元以上	98	3.27	1.344		
贍養費					
三萬元以下	277	.09	.417	-2.352***	.000
三萬元以上	98	.31	.890		
子女就業所得					
三萬元以下	277	.32	.849	1.296*	.023
三萬元以上	98	.21	.677		
資源回收					
三萬元以下	277	.14	.502	3.161***	.000
三萬元以上	98	.03	.173		
以工代賑					
三萬元以下	277	.97	1.526	8.162***	.000
三萬元以上	98	.10	.527		
鄰里捐助					
三萬元以下	277	.50	1.006	6.613***	.000
三萬元以上	98	.05	.300		

*P<0.05　**P<0.01　***P<0.001

表 6-4-1-2　每月收入與職業媒合各項間之 t 檢定

每月收入 職業媒合	個數	平均數	標準差	t	顯著性
尋職頻率					
三萬元以下	277	2.15	5.679	-.262	.375
三萬元以上	98	2.33	6.154		
就業安置					
三萬元以下	277	3.00	2.514	2.445	.485
三萬元以上	98	2.27	2.627		
尋職分式 報章雜誌				-.760	.514
三萬元以下	277	1.45	1.311		
三萬元以上	98	1.57	1.284		
親友介紹					
三萬元以下	277	1.38	1.235	-.965	.589
三萬元以上	98	1.52	1.278		
師長介紹					
三萬元以下	277	.42	.824	-3.148***	.000
三萬元以上	98	.81	1.128		
網路登記					
三萬元以下	277	.49	1.013	1.256*	.035
三萬元以上	98	.65	1.159		
服務站登記					
三萬元以下	277	.82	1.143	4.882***	.000
三萬元以上	98	.33	.743		
企業求才活動登記					
三萬元以下	277	.26	.667	-2.158***	.000
三萬元以上	98	.48	.944		

*P<0.05　　**P<0.01　　***P<0.001

二、新貧、舊貧在「就業保險」與「失業因子」及「就業與意願」

新舊貧間有就業保險、職訓生活津貼、失業原因、職前訓練、再就業諮商等達顯著差異（t=-4.015，P<0.001；t=1.229，P<0.05；t=-3.277，P<0.001；t=1.610，P<0.01；t=1.402，P<0.05）。從平均數來看，新貧較舊貧者有參加就業保險、自願性失業等為高，但舊貧在領有職業訓練生活津貼、參加職業訓練、再就業諮商較新貧為高（如表6-4-2）。

表6-4-2-1顯示，女性單親每月收入與服務輸送中之等待就業時間達顯著差異（t值=-1.293，P<0.05）。從平均數來看，收入在三萬元以上之女性單親的等待就業時間較收入在三萬元以下之女性單親長。每月收入與影響工作價值因素中之組織安全與經濟達顯著差異（t值=-2.286，P<0.05）。從平均數來看，收入在三萬元以上之女性單親的組織安全與經濟取向認同程度高於收入在三萬元以下之女性單親。

表 6-4-2　新舊貧在就業保險與失業因子及就業意願之 t 檢定

項目	個數	平均數	標準差	t 值	顯著性
就業保險				-4.015***	.000
0 舊貧	277	.45	.498		
1 新貧	98	.67	.471		
失業給付				.-.017	.802
0 舊貧	277	.31	1.119		
1 新貧	98	.32	1.240		
提前就業獎金				.374	.452
0 舊貧	277	.06	.240		
1 新貧	98	.05	.221		
職訓生活津貼		.16		1.229*	.022
0 舊貧	277		.675		
1 新貧	98	.07	.613		
健保補助				-.320	.490
0 舊貧	277	.15	.789		
1 新貧	98	.18	.998		
失業原因				-3.277***	.000
0 舊貧	277	.61	.489		
1 新貧	98	.78	.419		
職前訓練				1.610**	.001
0 舊貧	277	.26	.439		
1 新貧	98	.18	.389		
就業諮商				1.402*	.005
0 舊貧	277	.24	.427		
1 新貧	98	.17	.381		

*P<0.05　**P<0.01　***P<0.001

表 6-4-2-1　　每月收入與就業意願與培力之 t 檢定

每月收入 意願與培力	個數	平均數	標準差	t	顯著性
再就業手續					
三萬元以下	277	5.78	7.339	-1.077	.314
二萬元以上	98	6.73	7.996		
就業等待時間					
三萬元以下	277	12.32	10.923	-1.293*	.028
三萬元以上	98	14.22	13.017		
影響工作價值因素					
人生目標取向				-2.968	.108
三萬元以下	277	47.32	8.106		
三萬元以上	98	50.04	6.837		
尊嚴取向					
三萬元以下	277	24.94	3.871	-2.085	.257
三萬元以上	98	25.86	3.340		
表現尊重取向					
三萬元以下	277	8.05	1.391	-2.769	.706
三萬元以上	98	8.49	1.270		
組織安全與經濟取向					
三萬元以下	277	30.04	4.122	-2.286*	.019
三萬元以上	98	31.00	3.362		
工作休閒取向					
三萬元以下	277	15.75	2.699	-2.754	.985
三萬元以上	98	16.61	2.595		

*P<0.05　　**P<0.01　　***P<0.001

　　綜合上述，新貧之女性單親高於舊貧女性單親有自己固定收入、個人利益、尋職方法多元化、等待就業時間短等情況，但舊貧之女性單親在政府補助部分高於新貧之女性單親。新貧之女性單親高於舊貧之女性單親有參加就業保險、領有職業訓練生活津貼、自願性失業、等待就業時間短等情況，但舊貧之女性單親在參加職業訓練、再就業諮商較新貧為高。

第五節　ANOVA 分析

一、教育程度與就業保險各項之 One-way ANOVA 分析

表 6-5-1 顯示，女性單親之教育程度與就業保險之情形達顯著差異（F=6.458，P<0.05）。經 Sheffe 事後比較發現，大專以上組之女性單親參加保險高於高中職組及國中含以下組之女性單親。

表 6-5-1　教育程度與就業保險各項之 One-way ANOVA 分析

教育程度	個數	平均數	標準差	單變異量 F 值	P 值	Scheffe 事後比較
參加保險 1.國中含以下 2.高中職 3.大專以上	129 171 75	.39 .54 .63	.489 .500 .487	6.458*	.002	3>2,1
失業給付 1.國中含以下 2.高中職 3.大專以上	129 171 75	.19 .33 .49	.761 1.231 1.465	1.633	.197	
參訓生活津貼 1.國中含以下 2.高中職 3.大專以上	129 171 75	.17 .13 .11	.762 .665 .421	.257	.773	
健保補助 1.國中含以下 2.高中職 3.大專以上	129 171 75	.18 .09 .28	.939 .534 1.203	1.301	.274	

*P<0.05　**P<0.01　***P<0.001

二、教育程度與生活經濟來源各項之 One-way ANOVA 分析

表 6-5-2 顯示，女性單親之教育程度與生活來源之儲蓄利息、投資利潤、生活扶助、固定收入、子女就業所得、以工代賑、鄰里

捐助等達顯著差異（F=10.530，P<0.001；F=12.390，P<0.001；F=29.567，P<0.001；F=13.443，P<0.001；F=6.644，P<0.01；F=20.812，P<0.001；F=5.599，P<0.05）。經 Scheffe 事後比較發現，高中職組之女性單親經濟來源的儲蓄利息高於國中含以下組之女性單親；大專以上組之女性單親經濟來源的儲蓄利息高於國中含以下組之女性單親。

大專以上組之女性單親經濟來源的投資利潤高於國中含以下組之女性單親；高中職組之女性單親經濟來源的投資利潤高於國中含以下組之女性單親。

高中職組之女性單親經濟來源的固定收入高於國中含以下組之女性單親；大專以上組之女性單親經濟來源的固定收入高於國中含以下組之女性單親。

國中含以下組之女性單親經濟來源的生活扶助、子女就業所得、以工代賑等高於高中職組及大專含以上組之女性單親；國中含以下組之女性單親經濟來源的鄰里捐助高於大專含以上組之女性單親。

表 6-5-2　教育程度與生活經濟來源各項之 One-way ANOVA 分析

教育程度	個數	平均數	標準差	單變異量 F 值	P 值	Scheffe 事後比較
親友支持						
1.國中含以下	129	.74	.904	.473	.623	
2.高中職	171	.81	.976			
3.大專以上	75	.88	1.102			
儲蓄利息						
1.國中含以下	129	.55	.984	10.530***	.000	2>1
2.高中職	171	.96	1.212			3>1
3.大專以上	75	1.29	1.282			
投資利潤						
1.國中含以下	129	.18	.551	12.390***	.000	3>1
2.高中職	169	.40	.812			3>2
3.大專以上	75	.72	.894			
撫恤金						
1.國中含以下	129	.15	.560	.153	.858	
2.高中職	171	.15	.505			
3.大專以上	75	.19	.672			
生活扶助						
1.國中含以下	129	2.09	1.737	29.567***	.000	1>2,3
2.高中職	171	1.16	1.588			
3.大專以上	75	.40	1.090			
特殊境遇扶助						
1.國中含以下						
2.高中職	129	.45	.952	1.589	.206	
3.大專以上	171	.49	1.042			
	75	.25	.737			
固定收入						
1.國中含以下	129	2.05	1.545	13.443***	.000	2>1
2.高中職	171	2.80	1.487			3>1
3.大專以上	75	3.01	1.330			
贍養費						
1.國中含以下	129	.10	.482	1.103	.333	

2.高中職	171	.14	.617			
3.大專以上	75	.23	.669			
子女就業所得						
1.國中含以下	129	.50	1.001	6.644***	.001	1>2,3
2.高中職	171	.22	.709			
3.大專以上	75	.12	.544			
資源回收						
1.國中含以下	129	.15	.469	.674	.510	
2.高中職	171	.10	.443			
3.大專以上	75	.08	.395			
以工代賑						
1.國中含以下	129	1.33	1.679	20.812***	.000	1>3
2.高中職	171	.51	1.180			
3.大專以上	75	.24	.852			
鄰里捐助						
1.國中含以下	129	.57	1.088	5.599*	.004	1>2,3
2.高中職	171	.33	.826			
3.大專以上	75	.16	.594			

*P<0.05　**P<0.01　***P<0.001

三、教育程度與職業媒合各項之 One-way ANOVA 分析

　　表 6-5-3 顯示，女性單親之教育程度與職業媒合之尋職方式多元化、報章雜誌、網路登記、企業求才活動登記等達顯著差異（F=4.106，P<0.05；F=6.602，P<0.01；F=8.562，P<0.001；F=5.352，P<0.01）。經 Scheffe 事後比較發現，高中職組之女性單親尋職方式多元化及以報章雜誌方式尋職均高於國中含以下組之女性單親。

　　高中職組之女性單親以網路登記方式尋職高於國中含以下組之女性單親；大專以上組之女性單親以網路登記方式尋職高於國中含以下組之女性單親。

　　大專以上組之女性單親以企業求才活動登記方式尋職高於國中含以下組之女性單親。

表 6-5-3　教育程度與職業媒合各項之 One-way ANOVA 分析

教育程度	個數	平均數	標準差	單變異量 F 值	P 值	Scheffe 事後比較
尋職頻率						
1.國中含以下	129	1.75	5.005	.636	.530	
2.高中職	171	2.34	6.059			
3.大專以上	75	2.63	6.459			
就業安置						
1.國中含以下	129	2.98	2.477	1.968	.141	
2.高中職	171	2.90	2.618			
3.大專以上	75	2.29	2.540			
多元尋職方式						
1.國中含以下	129	4.28	2.817	4.106*	.017	2>1
2.高中職	169	5.41	3.904			
3.大專以上	75	5.09	3.133			
報章雜誌						
1.國中含以下	129	1.22	1.275	6.602**	.002	2>1
2.高中職	171	1.74	1.347			
3.大專以上	75	1.36	1.147			
親友介紹						
1.國中含以下	129	1.52	1.281	.822	.440	
2.高中職	171	1.33	1.251			
3.大專以上	75	1.43	1.176			
師長介紹						
1.國中含以下	129	.41	.806	1.310	.271	
2.高中職	171	.57	1.006			
3.大專以上	75	.59	.931			
網路登記						
1.國中含以下	129	.23	.593	8.562***	.000	2>1
2.高中職	171	.65	1.205			3>1
3.大專以上	75	.77	1.192			

就業服務站登記						
1.國中含以下	129	.75	1.132	1.859	.157	
2.高中職	171	.74	1.129			
3.大專以上	75	.48	.795			
企業求才登記						
1.國中含以下	129	.15	.486	5.352**	.005	3>1
2.高中職	171	.37	.805			
3.大專以上	75	.47	.949			

*P<0.05　　**P<0.01　　***P<0.001

四、教育程度與服務輸送各項之 One-way ANOVA 分析

表 6-5-4 顯示，女性單親之教育程度與服務輸送之等待再就業時間之情形達顯著差異（F=4.040，P<0.05）。經 Scheffe 事後比較發現，各組間均無顯著差異。

表 6-5-4　教育程度與服務輸送各項之 One-way ANOVA 分析

教育程度	個數	平均數	標準差	單變異量 F 值	P 值	Scheffe 事後比較
再就業登記手續						
1.國中含以下	129	5.36	6.864	1.207	.300	
2.高中職	171	6.09	7.589			
3.大專以上	75	7.05	8.363			
再就業等待時間						
1.國中含以下	129	11.78	10.715	4.040*	.018	
2.高中職	171	12.15	10.077			
3.大專以上	75	16.16	14.986			

五、教育程度與影響工作價值因素各項之 One-way ANOVA 分析

表 6-5-5 顯示，女性單親之教育程度與影響工作價值因素之人生目標取向、尊嚴取向、表現尊重取向、組織安全與經濟取向、工作休閒取向之情形達顯著差異（F=8.782，P<0.001；F=6.268，

P<0.01；F=8.481，P<0.001；F=5.295，P<0.01；F=6.722，P<0.001）。
經 Scheffe 事後比較發現，高中職組之女性單親認同人生目標取
向、尊嚴取向、表現尊重取向、組之安全與經濟取向、工作休閒取
向之程度均高於國中含以下組之女性單親；且大專以上組之女性單
親在認同表現尊重取向上高於國中含以下組之女性單親。

表 6-5-5　教育程度與影響工作價值因素各項之 One-way ANOVA 分析

教育程度	個數	平均數	標準差	單變異量 F 值	P 值	Scheffe 事後比較
人生目標取向						
1.國中含以下	129	45.78	8.270	8.782***	.000	2>1
2.高中職	171	49.50	7.550			
3.大專以上	75	48.57	7.064			
尊嚴取向						
1.國中含以下	129	24.31	3.970	6.268**	.002	2>1
2.高中職	171	25.84	3.592			
3.大專以上	75	25.17	3.477			
表現尊重取向						
1.國中含以下	129	7.77	1.503	8.481***	.000	2>1
2.高中職	169	8.36	1.287			3>1
3.大專以上	75	8.39	1.184			
組織安全與經濟取向						
1.國中含以下	129	29.54	4.174	5.295**	.005	2>1
2.高中職	171	30.99	3.638			
3.大專以上	75	30.00	4.044			
工作休閒取向						
1.國中含以下	129	15.28	2.770	6.722***	.001	2>1
2.高中職	171	16.33	2.701			
3.大專以上	75	16.35	2.328			

第六節　各變項間之相關分析

一、「個人因子」與「失業因子」之相關性

(一) 受試女性單親年齡與失業原因間情形達顯著負相關
（r=-.127，P<0.05），而與長期失業時間情形達顯著正相
關（r=.134，P<0.01）。亦即女性單親年齡愈高，非自願離
職也愈高，長期失業時間也愈長。

(二) 受試女性單親教育程度與每月收入情形達顯著正相關
（r=.391，P<0.001）。亦即女性單親教育程度愈高，則每
月收入也愈高，自願離職也愈高。

(三) 受試女性單親每月收入與失業原因之情形達顯著正相關
（r=.145，P<0.01），而與最長失業時間情形達顯著呈負相
關（r=-.143，P<0.01）。亦即女性單親每月收入愈高，自
願離職愈高，長期失業時間愈短（如表6-6-1）。

整體而言，女性單親年齡愈高，非自願離職也愈高，長期失業
時間也愈長。女性單親教育程度愈高，則每月收入也愈高，其自願
離職也愈高，長期失業時間愈短。

表 6-6-1　個人因子與失業因子之相關分析

	年齡	教育程度	每月收入	失業原因	最長失業時間
年齡					
教育程度	－				
每月收入	－	.391** .000			
失業原因	-.127* .014	－	.145** .005		
最長失業時間	.134** .010	－	-.143** .006	－	

*P<0.05　**P<0.01　***P<0.001

二、「失業因子」與「就業意願培力」之相關性

受試女性單親參加職業訓練經驗與再就業諮商經驗間情形達顯著正相關（r=.137，P<0.01）。亦即女性單親愈有參加就業前之職業訓練經驗則愈會有再就業之就業諮商經驗（如表6-6-2）。

總之，女性單親愈有參加就業前之職業訓練經驗則愈會有再就業之就業諮商經驗。因就業服務站均設有就業諮商服務，因此，參加公立就業服務站登記者，開案後，由個案管理員針對求職者先作就業諮商，如需加強就業能力者，則諮商者根據評估會建議參加就業前職業訓練，以增強其就業能力。

表 6-6-2　失業因子與就業意願培力之相關分析

	失業原因	長期失業時間	參加職業訓練	再就業諮商
失業原因				
長期失業時間	—			
參加職業訓練	—	—		
再就業諮商	—	—	.137** .008	

*P<0.05　　**P<0.01　　***P<0.001

三、「生活經濟來源」與「就業意願與培力」之相關性

受試女性單親生活經濟來源與再就業諮商經驗情形達顯著正相關（r=.102，P<0.05）。亦即女性單親之生活經濟來源愈多元化，則其參與再就業諮商經驗愈豐富；而參加再就業諮商愈豐富，其參加職業訓練機會愈高。（如表6-6-3）。

總之，女性單親之生活經濟來源愈多元化，則其參與再就業諮商經驗愈豐富。

表 6-6-3　生活經濟來源與就業意願培力之相關分析

	參加職業訓練	再就業諮商	生活經濟來源
參加職業訓練			
再就業諮商	.137** .008		
生活經濟來源	－	.102* .048	

*P<0.05　　**P<0.01　　***P<0.001

四、新舊貧整體對「就業經驗與經濟」之相關性

(一) 受試新舊貧女性單親參加職業訓練與就業保險、領參訓生活津貼間之情形達顯著正相關（r=.117，P<0.05；r=.213，P<0.001）。亦即女性單親愈有參加職業訓練，則愈有參加就業保險及領取參與職業訓練生活津貼機會。

(二) 受試新舊貧女性單親參加就業保險與失業給付、提前就業獎助金、參訓生活津貼、全民健康保險費等之間之情形達顯著正相關（r=.140，P<0.01；r=.228，P<0.001；r=.133，P<0.01；r=.307，P<0.001）。亦即女性單親愈有參加就業保險，則愈有機會領取提前就業獎助金、參訓生活津貼、全民健康保險費等就業福利（如表 6-6-4）。

總之，新舊貧整體女性單親愈有參加職業訓練，則愈有參加就業保險及領取參與職業訓練生活津貼機會。愈有參加就業保險，則愈有機會領取提前就業獎助金、參訓生活津貼、全民健康保險費等就業福利。

表 6-6-4   新舊貧整體與就業意願培力之相關分析

	參加職訓	再就業諮商	就業保險	失業給付	提前就業獎金	參訓生活津貼	全民健保
參加職訓							
再就業諮商	.137*** .008						
就業保險	.117* .023	─					
失業給付	─		140** .007				
提前就業獎金	─	─		.228*** .000			
參訓生活津貼	.213*** .000	─	─	.133** .010	.275*** .000		
全民健保	─	─	─	.307*** .000	─	203*** .000	

*P<0.05   **P<0.01   ***P<0.001

五、舊貧之「就業經驗與經濟」與「就業意願與培力」之相關性

(一) 受試舊貧女性單親參加職業訓練與再就業諮商、就業保險、參訓生活津貼間之情形達顯著正相關（r=.132，P<0.05；r=.178，P<0.01；r=.273，P<0.001）。亦即舊貧女性單親有參加職業訓練經驗則愈會參與再就業諮商，也愈會參加就業保險及參與職業訓練領有生活津貼（如表6-6-5）。

(二) 受試舊貧女性單親領有失業給付與就業保險、提前就業獎助金、參訓生活津貼、全民健保補助等間之情形達顯著正相關（r=.169，P<0.01；r=.278，P<0.001；r=.191，P<0.001；

r=.352，P<0.001）。亦即舊貧女性單親領有失業給付機會愈高，則愈有參加就業保險，愈有機會領取提前就業獎助金、參訓生活津貼、全民健保補助等就業福利。（表 6-6-5）。

總之，舊貧女性單親有參加職業訓練經驗則愈會參與再就業諮商，也愈會參加就業保險及參與職業訓練領有生活津貼。舊貧女性單親領有失業給付機會愈高，則愈有參加就業保險，愈有機會領取提前就業獎助金、參訓生活津貼、全民健保補助等就業福利。

表 6-6-5　舊貧與就業意願培力之相關分析

	參加職訓	再就業諮商	就業保險	失業給付	提前就業獎金	參訓生活津貼	全民健保
參加職訓							
再就業諮商	.132* .028						
就業保險	.178** .003	─					
失業給付	─	─	.169** .005				
提前就業獎金	─	─	─	.278*** .000			
參訓生活津貼	.273*** .000	─	─	.191*** .001	.206*** .001		
全民健保	─	─	─	.352*** .000	.348*** .000	297*** .000	

*P<0.05　　**P<0.01　　***P<0.001

六、新貧之「就業經驗與經濟」與「就業意願與培力」之相關性

(一) 受試新貧女性單親有參與再就業諮商與領參訓生活津貼間之情形達顯著正相關（r=.211，P<0.05）。亦即新貧女性單親有參與再就業諮商機會愈高，則愈會有領取參訓生活津貼的機會。

(二) 受試新貧女性單親有參訓生活津貼與領提前就業獎金間
之情形達顯著正相關（r=.505，P<0.001）。亦即新貧女性
單親有領參訓生活津貼，愈有機會領提前就業獎助金。

(三) 受試新貧女性單親領失業給付與全民健保補助費間之情
形達顯著正相關（r=.231，P<0.05）。亦即新貧女性單親領
失業給付，則愈有機會領到全民健保費。（如表 6-6-6）

　　總之，新貧女性單親有參與再就業諮商機會愈高，則愈會有領
取參訓生活津貼的機會。新貧女性單親有領參訓生活津貼，愈有機
會領提前就業獎助金。新貧女性單親領失業給付，則愈有機會領到
全民健保費。也就是說，新貧女性單親有參加再就業諮商機會愈
高，則愈會有領取參訓生活津貼的機會，也愈有機會領提前就業獎
助金；有領失業給付，則愈有機會領到全民健保費。

表 6-6-6　新貧與就業意願培力之相關分析

	參加職訓	再就業諮商	就業保險	失業給付	提前就業獎金	參訓生活津貼	全民健保
參加職訓							
再就業諮商	－						
就業保險	－	－					
失業給付	－	－	－				
提前就業獎金	－	－	－	－			
參訓生活津貼	－	.211* .037	－		.505*** .000		
全民健保	－	－	－	.213* .035	－	－	

*P<0.05　　**P<0.01　　***P<0.001

七、「生活經濟來源」與「就業意願與培力」之相關性

受試新舊貧女性單親生活經濟來源是政府補助與再就業諮商間之情形達顯著正相關（r=.117，P<0.05）。但政府補助與自己固定收入、個人利益間之情形達顯著的負相關（r=-.195，P<0.001；r=-.350，P<0.001）。亦即新舊貧女性單親生活經濟來源是政府補助愈多，愈會有再就業諮商的機會，而也愈少有自己固定收入、個人利益來源（如表6-6-7）。

總之，整體新舊貧女性單親生活經濟來源是政府補助收入愈多，愈會有再就業諮商的機會，而也愈少有自己固定收入、個人利益來源。

表 6-6-7　新舊貧整體與生活來源及就業意願培力之相關分析

	參加職訓	再就業諮商	自己固定收　　入	個人利益	政府補助
參加職訓					
再就業諮　商	.137** .008				
自己固定收　　入	－	－			
個人利益	－	－	.179*** .000		
政府補助	－	.117* .023	-.195*** .000	-.350*** .000	

*P<0.05　　**P<0.01　　***P<0.001

八、舊貧與「生活經濟來源」及「就業意願與培力」之相關性

受試舊貧女性單親生活經濟來源是政府補助與個人利益間之情形達極顯著負相關（r=-.287，P<0.001）。而個人利益與再就業諮

商、自己固定收入等之間情形達顯著的正相關（r=.123，P<0.05；r=.143，P<0.05）。亦即舊貧女性單親生活經濟來源是政府補助愈多，個人利益則愈少。但獲得個人利益愈多，則愈會有再就業諮商的機會，而也愈多有自己固定收入（如表6-6-8）。

　　總之，舊貧女性單親生活經濟來源是政府補助愈多，則個人利益愈少。但獲得個人利益愈多，則愈會有再就業諮商的機會，而也愈多有自己固定收入。

表 6-6-8　舊貧與生活來源及就業意願培力之相關分析

	參加職訓	再就業諮商	自己固定收　入	個人利益	政府補助
參加職訓					
再就業諮　商	.132* .028				
自己固定收　入	－	－			
個人利益	－	.123* .040	.143* .017		
政府補助	－	－	－	-.287*** .000	

*P<0.05   **P<0.01   ***P<0.001

九、新貧與「生活經濟來源」及「就業意願與培力」之相關性

　　受試新貧女性單親生活經濟來源是政府補助與再就業諮商間之情形達極顯著正相關（r=.540，P<0.001）。亦即新貧女性單親生活經濟來源是政府補助愈多，則愈會有再就業諮商的機會（如表6-6-9）。

　　總之，新貧女性單親生活經濟來源是政府補助愈多，則愈會有再就業諮商的機會。

表 6-6-9 新貧與生活來源及就業意願培力之相關分析

	參加職訓	再就業諮商	自己固定收　　入	個人利益	政府補助
參加職訓					
再就業諮商	－				
自己固定收　　入	－	－			
個人利益	－	－	－		
政府補助	－	.540*** .000	－	－	

*P<0.05　**P<0.01　***P<0.001

十、新舊貧整體與「就業意願與培力」及「職業媒合」之相關性

　　受試新舊貧女性單親職業媒合之尋職頻率、尋職方式與就業意願之再就業諮商間之情形達極顯著正相關（r=.203，P<0.001；r=.206，P<0.001），亦即新舊貧女性單親尋職頻率愈高且尋職方式也愈多元化，則愈會有再就業諮商的機會。受試新舊貧女性單親職業媒合之就業安置、尋職方式與就業意願之再就業諮商間之情形達極顯著正相關（r=.103，P<0.05；r=.102，P<0.05），亦即新舊貧女性單親就業安置愈長且尋職方式也愈多元化，則愈會有再就業諮商的機會（如表6-6-10）。

　　總之，新舊貧整體女性單親尋職頻率愈高且尋職方式也愈多元化，則愈會有再就業諮商的機會；新舊貧整體女性單親就業安置愈長且尋職方式也愈多元化，則愈會有再就業諮商的機會。

表 6-6-10　新舊貧整體與就業意願培力及職業媒合之相關分析

	參加職訓	再就業諮商	尋職頻率	就業安置	尋職方式
參加職訓					
再就業諮商	.137**　.008				
尋職頻率	－	.203***　.000			
就業安置	－	.103*　.045	－		
尋職方式	－	.145**　.005	.206***　.000	.102*　.048	

*P<0.05　　**P<0.01　　***P<0.001

十一、舊貧與「就業意願與培力」及「職業媒合」之相關性

　　受試舊貧女性單親職業媒合之尋職頻率與就業意願之參加職訓、再就業諮商間之情形達極顯著正相關（r=.141，P<0.05；r=.250，P<0.001），亦即舊貧女性單親尋職頻率愈高，則愈會有再就業諮商及參加職業訓練機會。受試新舊貧女性單親職業媒合之尋職方式與就業意願之再就業諮商間之情形達極顯著正相關（r=.188，P<0.01），亦即舊貧女性單親尋職方式愈多元化，則愈會有再就業諮商的機會（如表 6-6-11）。

　　總之，舊貧女性單親之尋職頻率愈高、尋職方式愈多元化，則愈會有再就業諮商的經驗。

表 6-6-11　舊貧與就業意願培力及職業媒合之相關分析

	參加職訓	再就業諮商	尋職頻率	就業安置	尋職方式
參加職訓					
再就業諮商	.132* .028				
尋職頻率	.141* .019	.250*** .000			
就業安置	－	－	－		
尋職方式	－	.188** .002	.123* .041	－	

*P<0.05　**P<0.01　***P<0.001

十二、新貧與「就業意願與培力」及「職業媒合」之相關性

受試新貧女性單親職業媒合之尋職頻率、就業安置、尋職方式與就業意願之參加職訓、再就業諮商間之情形未達極顯著相關性。但職業媒合之尋職頻率與尋職方式、就業安置間達極顯著正相關性（r=.227，P<0.05；r=.374，P<0.001）。亦即新貧女性單親尋職頻率愈高，則愈會有尋職多元化及就業安置時間愈長趨勢（如表 6-6-12）。

總之，新貧女性單親尋職頻率愈高，則愈會有尋職多元化及就業安置愈長趨勢。

表 6-6-12　新貧與就業意願培力及職業媒合之相關分析

	參加職訓	再就業諮商	尋職頻率	就業安置	尋職方式
參加職訓					
再就業諮商	－				
尋職頻率	－	－			
就業安置	－	－	.227* .025		
尋職方式	－	－	.374*** .000	－	

*P<0.05　**P<0.01　***P<0.001

十三、新舊貧整體與「職業媒合」及「就業服務輸送機制」之相關性

　　受試新舊貧整體女性單親職業媒合之尋職頻率、就業安置與就業服務輸送機制之再就業手續、等待就業時間之間之情形未達極顯著相關性。但職業媒合之尋職方式與就業服務輸送機制之再就業手續、等待就業時間之間達極顯著正相關性（r=.179，P<0.001；r=.126，P<0.05）。亦即新舊貧整體女性單親尋職方式愈多元化，則愈會在辦理就業手續及等待就業時間傾向愈長（如表6-6-13）。

　　總之，新舊貧整體女性單親尋職方式愈多元化，則愈會在辦理就業手續及等待就業時間傾向愈長。

表 6-6-13　新舊貧整體與職業媒合及就業服務輸送機制之相關分析

	尋職頻率	就業安置	尋職方式	再就業手續	等待就業時　間
尋職頻率					
就業安置	－				
尋職方式	.206*** .000	.102* .048			
再就業手　續	－	－	.179*** .001		
等待就業時　間	－	－	.126* .015	.534*** .000	

*P<0.05　**P<0.01　***P<0.001

十四、舊貧與「職業媒合」及「就業服務輸送」之相關性

　　受試舊貧女性單親職業媒合之尋職頻率、就業安置與就業服務輸送機制之再就業手續、等待就業時間之間之情形未達極顯著相關性。但職業媒合之尋職方式與就業服務輸送機制之再就業手續、等

待就業時間之間達極顯著正相關性（r=.161，P<0.01；r=.132，P<0.05）。亦即舊貧女性單親尋職方式愈多元化，則愈會在辦理就業手續時間及等待就業時間傾向愈長（如表 6-6-14）。

　　總之，舊貧女性單親尋職方式愈多元化，則愈會在辦理就業手續時間及等待就業時間傾向愈長。

表 6-6-14　舊貧與職業媒合及就業服務輸送之相關分析

	尋職頻率	就業安置	尋職方式	再就業手續	等待就業時　間
尋職頻率					
就業安置	－				
尋職方式	.123* .041	－			
再就業手續	－		.161** .007		
等待就業時　間	－		.132* .028	.598** .000	

*P<0.05　　**P<0.01　　***P<0.001

十五、新貧與「職業媒合」及「就業服務輸送」之相關性

　　受試新貧女性單親職業媒合之尋職頻率、就業安置與就業服務輸送機制之再就業手續、等待就業時間之間之情形未達極顯著相關性。但職業媒合之尋職方式與就業服務輸送機制之再就業手續之間達極顯著正相關性（r=.206，P<0.05）。亦即新貧女性單親尋職方式愈多元化，則愈會在辦理就業手續傾向愈長（如表 6-6-15）。

　　總之，新貧女性單親尋職方式愈多元化，則愈會在辦理就業手續時間傾向愈長。

表 6-6-15　新貧與職業媒合及就業服務輸送之相關分析

	尋職頻率	就業安置	尋職方式	再就業手續	等待就業時　間
尋職頻率					
就業安置	.227* .025				
尋職方式	.374*** .000				
再就業手續	－	－	.206* .041		
等待就業時　間	－	－	－	.390*** .000	

*P<0.05　**P<0.01　***P<0.001

十六、新舊貧整體與五項工作價值取向總分之相關性

(一) 受試新舊貧整體女性單親年齡與人生目標、尊嚴、表現尊重、組織安全及經濟、工作休閒等五個取向工作價值及工作價值總分之間之情形未達極顯著相關性。

(二) 受試新舊貧整體女性單親教育程度與人生目標、表現尊重、工作休閒、及工作價值總分之間之情形達顯著正相關性（r=.138，P<0.01；r=.173，P<0.001；r=.144，P<0.01；r=.137，P<0.01）。亦即整體新舊貧女性單親教育程度愈高，則對人生目標、表現尊重、工作休閒、及工作價值總分愈高趨勢。

(三) 新舊貧整體女性單親職業與人生目標、尊嚴、表現尊重、及工作價值總分之間之情形達顯著正相關（r=.154，P<0.01；r=.109，P<0.05；r=.116，P<0.05；r=.124，P<0.05）；新舊貧整體女性單親每月收入與人生目標及工作價值總分之間之情形達顯著正相關（r=.118，P<0.05；r=.110，

　　P<0.05）。亦即整體新舊貧女性單親職業地位愈高，則對人生目標、表現尊重、工作休閒、及工作價值總分有愈高趨勢（如表 6-6-16）。

　　總之，女性單親教育程度愈高、職業地位愈高，則對人生目標、表現尊重、工作休閒、及工作價值總分有愈高趨勢。

表 6-6-16　新舊貧整體與工作價值之相關分析

	年齡	教育程度	職業	每月收入	新舊貧	人生目標	尊嚴	表現尊重	組織經濟	工作休閒	工作價值總分
年齡											
教育程度	－										
職業	－	－									
每月收入	－	.391*** .000	.225*** .000								
新舊貧	－	.410*** .000	.217*** .000	.840*** .000							
人生目標	－	.138** .007	.154** .003	.118* .022	.152** .003						
尊嚴	－	－	.109* .034	－	.107* .038	.749*** .000					
表現尊重	－	.173*** .001	.116* .025		.142** .006	.588*** .000	.639*** .000				
組織經濟	－	－	－	－	.107* .039	.647*** .000	.698*** .000	.670*** .000			
工作休閒	－	.144** .005	－	－	.141** .006	.513*** .000	.553*** .000	.552*** .000	.637*** .000		
工作價值總分	－	137** .008	.124* .016	.110* .034	.155** .003	.917*** .000	.878*** .000	.744*** .000	.849*** .000	.717*** .000	

*P<0.05　**P<0.01　***P<0.001

十七、舊貧與工作價值取向之相關性

(一) 舊貧女性單親每月收入與人生目標、尊嚴、表現尊重、組織安全與經濟、工作休閒、工作價值總分間之情形未達顯著的相關性。

(二) 舊貧女性單親年齡與人生目標、尊嚴間之情形達顯著的正相關（r=.124，P<0.05；r=.121，P<0.05）。亦即舊貧女性單親年齡愈大，對人生目標、尊嚴等的重要性程度看法有愈高的趨勢。

(三) 舊貧女性單親教育程度與工作休閒間之情形達顯著的正相關（r=.124，P<0.05）。亦即舊貧女性單親教育程度愈高，對工作與休閒的重要性程度看法有愈高的趨勢。

(四) 舊貧女性單親職業與人生目標、尊嚴、工作價值總分等之間之情形達顯著的正相關（r=.179，P<0.01；r=.119，P<0.05；r=.128，P<0.05）。亦即舊貧女性單親職業地位愈高，對人生目標、尊嚴、工作價值總分等的重要性程度看法有愈高的趨勢（如表 6-6-17）。

總之，舊貧女性單親年齡愈大、職業地位愈高，則對實現人生目標取向有愈高的趨勢。舊貧女性單親教育程度愈高，對工作與休閒的重要性程度看法有愈高的趨勢。

表 6-6-17　舊貧與工作價值相關分析

	年齡	教育程度	職業	每月收入	人生目標	尊嚴	表現尊重	組織經濟	工作休閒	工作價值總分
年齡										
教育程度	-.12* .036									
職業		.345** .000								
每月收入										
人生目標	.124* .038		.179** .003							
尊嚴	.121* .044		.119* .048		.759*** .000					
表現尊重					.612*** .000	.644*** .000				
組織經濟					.660*** .000	.692*** .000	.671*** .000			
工作休閒		.124* .040			.528*** .000	.535*** .000	.552*** .000	620*** .000		
工作價值總分			.128* .034		.924*** .000	.877*** .000	.755*** .000	.849*** .000	.712*** .000	

*P<0.05　　**P<0.01　　***P<0.001

十八、新貧與工作價值取向之相關性

新貧女性單親年齡、教育程度、職業、每月收入與人生目標、尊嚴、表現尊重、組織安全與經濟、工作休閒、工作價值總分間之情形未達顯著的相關性（如表 6-6-18）。

表 6-6-18 新貧與工作價值相關分析

	年齡	教育程度	職業	每月收入	人生目標	尊嚴	表現尊重	組織經濟	工作休閒	工作價值總分
年齡										
教育程度										
職業	.238* .018									
每月收入		.245* .015								
人生目標										
尊嚴					.694*** .000					
表現尊重					.458*** .000	.600*** .000				
組織經濟					.565*** .000	.705*** .000	.647*** .000			
工作休閒					.417*** .000	.589*** .000	.515*** .000	.683*** .000		
工作價值總分					.880*** .000	.876*** .000	.679*** .000	.842*** .000	.711*** .000	

*P<0.05   **P<0.01   ***P<0.001

第七節　各變項間之路徑分析

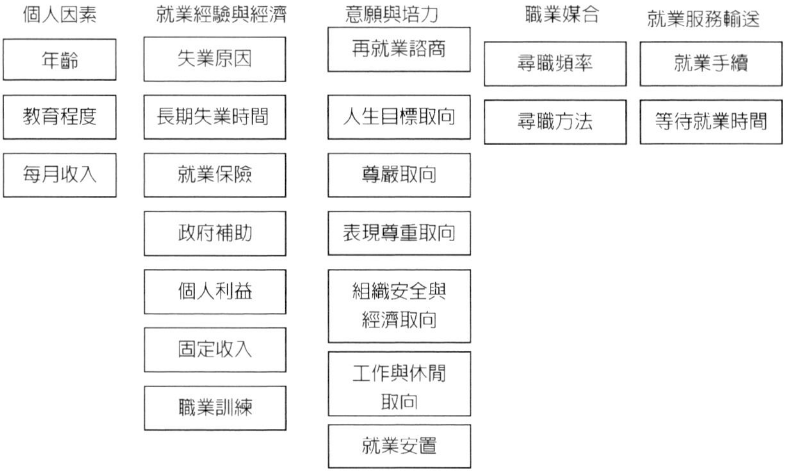

個人因素	就業經驗與經濟	意願與培力	職業媒合	就業服務輸送
年齡	失業原因	再就業諮商	尋職頻率	就業手續
教育程度	長期失業時間	人生目標取向	尋職方法	等待就業時間
每月收入	就業保險	尊嚴取向		
	政府補助	表現尊重取向		
	個人利益	組織安全與經濟取向		
	固定收入	工作與休閒取向		
	職業訓練	就業安置		

圖 6-7-1　各變項間之路徑分析

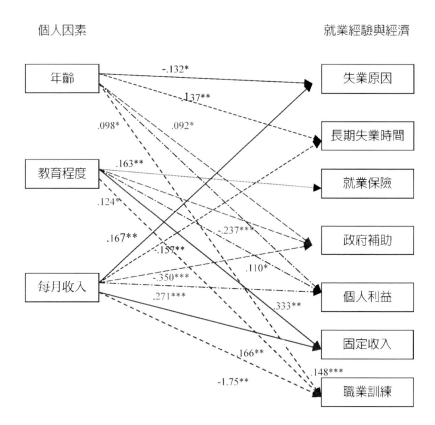

圖 6-7-2　新舊貧整體女性單親之「個人因子」與
「就業經驗與經濟」之路徑分析圖

從多元迴歸分析中,以限制模式的標準化迴歸係數作為路徑係數,發現新舊貧之女性單親之職業等級對就業經驗與經濟層次、意願與培力層次、職業媒合層次、就業服務輸送層次等各變項間均無產生直接作用,故刪除之。

一、新舊貧整體女性單親其「個人因子」與「就業經驗與經濟」之路徑分析

1. 依圖 6-7-2,可知,新舊貧整體女性單親之教育程度會影響其就業保險,其直接作用為.163,即新舊貧整體女性單親教育程度愈高,就愈有參加就業保險,且達顯著水準(P<0.01)。新舊貧整體女性單親之教育程度,對就業保險解釋力為 4.8%(表 6-7-1)。

2. 依圖 6-7-2,可知,新舊貧整體女性單親之年齡、每月收入等會影響失業因子之失業原因,其直接作用為-.132 及.167。即女性單親年齡愈高,則非自願離職原因會增加,且達顯著水準(P<0.05);女性單親每月收入愈高,則自願離職原因會增加,且達顯著水準(P<0.01),而新舊貧整體女性單親之年齡、每月收入,對其失業原因之解釋力為 4.0%。新舊貧整體女性單親之年齡、每月收入會影響失業因子之長期失業時間,其直接作用為.137 及-.157。即新舊貧整體女性單親年齡愈高,則長期失業時間會增長,且達顯著水準(P<0.01);新舊貧整體女性單親每月收入愈高,則長期失業時間會縮短,且達顯著水準(P<0.01),而新舊貧整體女性單親之年齡、每月收入,對其長期失業時間之解釋力為 4.0%(表 6-7-1)。

3. 新舊貧整體女性單親之年齡、教育程度、每月收入等會影響生活經濟來源之政府補助,其直接作用為.092,-.227 及-.350。

即新舊貧整體女性單親年齡愈高，則政府補助收入會增高，且達顯著水準（P<0.05）；新舊貧整體女性單親教育程度愈高，則政府補助會減少，且達極顯著水準（P<0.001）；新舊貧整體女性單親每月收入愈高，則政府補助會減少，且達極顯著水準（P<0.001），而新舊貧整體女性單親之年齡、教育程度、每月收入，對其政府補助之解釋力為26.4%（表6-7-1）。新舊貧整體女性單親之年齡、教育程度、每月收入會影響生活經濟來源之個人利益，其直接作用為.098，.110及.333。即新舊貧整體女性單親年齡愈高，則個人利益收入會增高，且達顯著水準（P<0.05）；新舊貧整體女性單親教育程度愈高，則個人利益收入會增高，且達顯著水準（P<0.05）；新舊貧整體女性單親每月收入愈高，則個人利益收入會增高，且達極顯著水準（P<0.001），而新舊貧整體女性單親之年齡、教育程度、每月收入，對其個人利益之解釋力為17.5%（表6-7-1）。

新舊貧整體女性單親之教育程度、每月收入會影響生活經濟來源之自己固定收入，其直接作用為.124及.271。即新舊貧整體女性單親教育程度愈高，則自己固定收入會增高，且達顯著水準（P<0.05）；新舊貧整體女性單親每月收入愈高，則個人固定收入會增高，且達極顯著水準（P<0.001）；而新舊貧整體女性單親之教育程度、每月收入，對其固定收入之解釋力為12.8%（表6-7-1）。

4. 新舊貧整體女性單親之年齡、教育程度、每月收入等會影響其參加職業訓練，其直接作用為.148，.166及-.175。即新舊貧整體女性單親年齡愈高，則參加職業訓練會愈增高，且達顯著水準（P<0.001）；新舊貧整體女性單親教育程度愈高，

則參加職業訓練會愈多，且達顯著水準（P<0.01）；新舊貧
整體女性單親每月收入愈高，則參加職業訓練會減少，且達
極顯著水準（P<0.01）；而新舊貧整體女性單親之教育程度、
每月收入，對其職業訓練之解釋力為 5.4%（表 6-7-1）。

表 6-7-1　新舊貧女性單親之就業經驗與經濟之路徑分析表

依變項	自變項	直接作用	間接作用
失業原因	年齡	-.132*	—
	教育程度	—	—
R square=.040	每月收入	.167**	—
長期失業時間	年齡	-.137**	—
	教育程度	—	—
R square=.040	每月收入	-.157**	—
就業保險	年齡	—	—
	教育程度	.163**	—
R square=.048	每月收入	—	—
政府補助	年齡	.092*	—
	教育程度	-.227***	—
R square=.264	每月收入	-.350***	—
個人利益	年齡	.098*	—
	教育程度	.110*	—
R square=.175	每月收入	.330**	—
固定收入	年齡	—	—
	教育程度	.124*	—
R square=.128	每月收入	.271***	—
職業訓練	年齡	.148***	—
	教育程度	.166**	—
R square=.054	每月收入	-.175**	—

二、舊貧女性單親之「就業經驗與經濟」之路徑分析

1. 從多元迴歸分析中，以限制模式的標準化迴歸係數作為路徑係數。依圖 6-7-3，可知，舊貧女性單親之教育程度影響其就業保險，其直接作用為.167，即舊貧女性單親教育程度愈高，就愈有參加就業保險，且達顯著水準（P<0.01）。而舊貧女性單親之教育程度，對其就業保險之解釋力為 3.4%（表 6-7-2）。

2. 舊貧女性單親之年齡會影響失業因子之失業原因，其直接作用為-.192。即女性單親年齡愈高，則非自願離職原因會增加，且達顯著水準（P<0.05）。且舊貧女性單親之年齡，對其失業原因之解釋力為 3.4%（表 6-7-2）。

   舊貧女性單親之每月收入會影響失業因子之長期失業時間，其直接作用為-.291。即舊貧女性單親每月收入愈高，則長期失業時間會縮短，且達極顯著水準（P<0.001）。且舊貧女性單親之每月收入，對其長期失業時間之解釋力為 10.4%（表 6-7-2）。

3. 舊貧女性單親之年齡、教育程度、每月收入等會影響生活經濟來源之政府補助，其直接作用為.114，-.265 及-.193。即舊貧女性單親年齡愈高，則政府補助收入會增高，且達顯著水準（P<0.05）；舊貧女性單親教育程度愈高，則政府補助收入會減少，且達極顯著水準（P<0.001）；舊貧女性單親每月收入愈高，則政府補助收入會減少，且達極顯著水準（P<0.01）。且舊貧女性單親之政府補助收入，對其生活經濟來源之解釋力為 14.0%（表 6-7-2）。

舊貧女性單親之教育程度、每月收入等會影響生活經濟來源之固定收入，其直接作用為.190，.244。即舊貧女性單親教育程度愈高，則固定收入會增高，且達極顯著水準（P<0.001）；舊貧女性單親每月收入愈高，則固定收入會增加，且達極顯著水準（P<0.001）。且舊貧女性單親之自己固定收入，對其生活經濟來源之解釋力為 11.2%（表 6-7-2）。

舊貧女性單親之教育程度、每月收入等會影響生活經濟來源之個人利益，其直接作用為.170，.215。即舊貧女性單親教育程度愈高，則個人利益收入會增高，且達極顯著水準（P<0.01）；舊貧女性單親每月收入愈高，則個人利益收入也愈高，且達極顯著水準（P<0.001）。且舊貧女性單親之個人利益，對其生活經濟來源之解釋力為 7.8%（表 6-7-2）。

舊貧女性單親之年齡、教育程度等會影響其參與職業訓練，其直接作用為.185，.159。即舊貧女性單親年齡愈高，則參與職業訓練會增高，且達極顯著水準（P<0.01）；舊貧女性單親教育程度愈高，則參與職業訓練也愈高，且達極顯著水準（P<0.01）。且舊貧女性單親之參加職業訓練與否，對其參與職業訓練之解釋力為 5.8%（表 6-7-2）。

表 6-7-2　舊貧女性單親之就業經驗與經濟路徑分析表

依變項	自變項	直接作用	間接作用
失業原因	年齡	-.192*	─
	教育程度	─	─
R square=.034	每月收入	─	─
長期失業時間	年齡	─	─
	教育程度	─	─
R square=.104	每月收入	-.291***	─
就業保險	年齡	─	─
	教育程度	.167**	─
R square=.034	每月收入	─	─
政府補助	年齡	.114*	─
	教育程度	-.265***	─
R square=.140	每月收入	-.193**	─
個人利益	年齡	─	─
	教育程度	.170**	─
R square=.078	每月收入	.215***	─
固定收入	年齡	─	─
	教育程度	.190***	─
R square=.112	每月收入	.244***	─
職業訓練	年齡	.185**	─
	教育程度	.159**	─
R square=.058	每月收入	─	─

舊貧

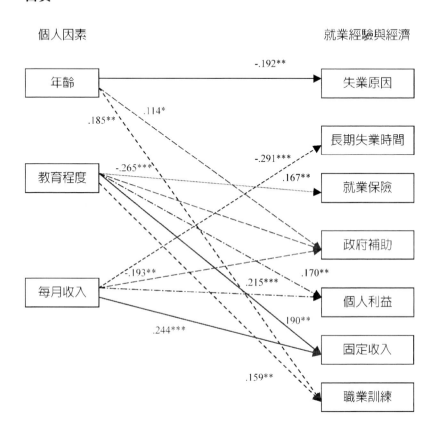

圖 6-7-3　舊貧女性單親之「個人因素」與「就業經驗與經濟」之路徑分析圖

三、新貧女性單親其「就業經驗與經濟」之路徑分析

1. 依據圖 6-7-4，可知，新貧單親女性之年齡、教育程度、每月收入等不會影響其就業保險、失業因子、參加職業訓練。

2. 新貧女性單親之年齡會影響其經濟來源之個人利益，其直接作用為.264。即新貧女性單親年齡愈高，則個人利益會增

高，且達極顯著水準（P<0.01），且新貧女性單親之個人利益，對其生活來源之解釋力為 8.1%（表 6-7-3）。

表 6-7-3 新貧女性單親之就業經驗與經濟路徑分析表

依變項	自變項	直接作用	間接作用
個人利益	年齡	.264**	—
	教育程度	—	—
R square=.081	每月收入	—	—

新貧

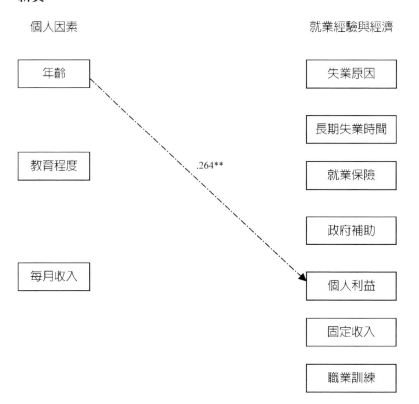

圖 6-7-4 新貧女性單親之「個人因素」與「就業經驗與經濟」之路徑分析圖

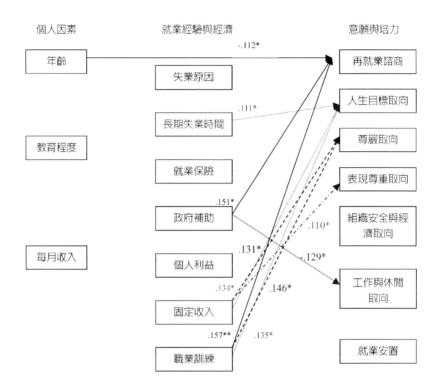

圖 6-7-5 新舊貧整體女性單親之「就業意願與培力」之路徑分析圖

四、新舊貧整體女性單親其「就業意願與培力」之路徑分析與討論

1. 依圖 6-7-5，可知，新舊貧整體女性單親之年齡會影響其再
就業諮商，其直接作用為-.112，其間接作用為.190，其總作
用為.078。即新舊貧整體女性單親年齡愈高，則參加再就業
諮商愈低，且達顯著水準（P<0.01）；新舊貧整體女性單親
之收入會影響其再就業諮商，其間接作用為-.027，其總作用
為-.027。而新舊貧整體女性單親之年齡，對其再就業諮商之
解釋力為 6.6%。且透過政府補助收入（直接作用=.151，

P<.05）及職業訓練（直接作用=.157，P<.01）而影響其再就業諮商（表 6-7-4）。

2. 新舊貧整體女性單親之年齡、教育程度、每月收入等會影響其人生目標，其間接作用為.190，-.009 及-.027，其總作用為.190，-.009 及-.027。新舊貧整體女性單親之長期失業時間、自己固定收入、參加職業訓練等會影響其工作價值之一的人生目標，其直接作用為.111，.134 及.135。即新舊貧整體女性單親長期失業時間愈長，則人生目標認同愈高，且達顯著水準（P<0.05）；新舊貧整體女性單親之固定收入愈高，則人生目標認同愈高，且達顯著水準（P<0.05）；新舊貧整體女性單親之參加職業訓練機會愈高，則人生目標認同愈高，且達顯著水準（P<0.05）。而新舊貧整體女性單親之年齡、教育程度、每月收入、長期失業時間、固定收入、職業訓練，對其人生目標之解釋力為 7.5%。且透過長期失業時間（直接作用=.111，P<.05）、固定收入（直接作用=.134，P<.05）及職業訓練（直接作用=.135，P<.05）來影響其工作價值之一的人生目標（表 6-7-4）。

3. 新舊貧整體女性單親之年齡、教育程度、每月收入等會影響其尊嚴取向，其間接作用為.021，.040 及.009，其總作用為.021，.040 及.009。新舊貧整體女性單親之自己固定收入、參加職業訓練等會影響其工作價值之一的尊嚴取向，其直接作用為.131 及.146。即新舊貧整體女性單親自己固定收入愈高，則尊嚴取向認同愈高，且達顯著水準（P<0.05）；新舊貧整體女性單親之參加職業訓練機會愈高，則尊嚴取向認同愈高，且達顯著水準（P<0.01）。而新舊貧整體女性單親之年齡、教育程度、每月收入、自己固定收入、職業訓練，對其尊嚴取向之解釋力為 6.4%。且透過自己固定收入（直接

作用=.131，P<.05），及職業訓練（直接作用=.146，P<.01）
來影響其工作價值之一的尊嚴取向（表6-7-4）。

4. 新舊貧整體女性單親之年齡、教育程度、每月收入等會影響
其表現尊重取向，其間接作用為.016，.062及.004，其總作
用為.016，.062及.004。新舊貧整體女性單親之自己固定收
入、參加職業訓練等會影響其工作價值之一的表現尊重取
向，其直接作用為.110及.146。即新舊貧整體女性單親自己
固定收入愈高，則表現尊重取向認同愈高，且達顯著水準
（P<0.05）；新舊貧整體女性單親之參加職業訓練機會愈
高，則表現尊重取向認同愈高，且達顯著水準（P<0.01）。
而新舊貧整體女性單親之年齡、教育程度、每月收入、自己
固定收入、職業訓練，對其表現尊重取向之解釋力為6.7%。
且透過自己固定收入（直接作用=.110，P<.05），及職業訓
練（直接作用=.146，P<.01）來影響其工作價值之一的表現
尊重取向（表6-7-4）。

5. 新舊貧整體女性單親之年齡、教育程度、每月收入等會影響
其工作休閒取向，其間接作用為-.011，.030及.045，其總作
用為-.011，.030及.045。新舊貧整體女性單親之政府補助收
入會影響其工作價值之一的工作休閒取向，其直接作用為
-.129。即新舊貧整體女性單親個人利益收入愈高，則工作休
閒取向認同愈高，且達顯著水準（P<0.05）。而新舊貧整體
女性單親之年齡、教育程度、每月收入、政府補助，對其工
作休閒取向之解釋力為5.0%。且透過政府補助收入（直接
作用=-.129，P<.05）來影響其工作價值之一的工作休閒取向
（表6-7-4）。

　　整體而言，新舊貧整體女性單親透過政府補助收入及職業訓
練而直接影響其再就業諮商。新舊貧整體女性單親透過長期失業

時間、固定收入及職業訓練會直接影響其工作價值之一的人生目
標。新舊貧整體女性單親透過自己固定收入及職業訓練直接影響
其工作價值之一的尊嚴取向。新舊貧整體女性單親透過自己固定
收入及職業訓練會直接影響其工作價值之一的表現尊重取向。新
舊貧整體女性單親透過政府補助收入會直接影響其工作價值之一
的工作休閒取向。

表 6-7-4　新舊貧女性單親之就業意願與培力之路徑分析表

依變項	自變項	直接作用	間接作用
再就業諮商	年齡	-.112*	.190
	教育程度	—	-.009
	每月收入	—	-.027
	政府補助	.151*	—
R square=.066	職業訓練	.157**	—
人生目標	年齡	—	.190
	教育程度	—	-.009
	每月收入	—	-.027
	長期失業時間	.111*	—
	固定收入	.134*	—
R square=.075	職業訓練	.135*	—
尊嚴取向	年齡	—	.021
	教育程度	—	.040
	每月收入	—	.009
	固定收入	.131*	—
R square=.064	職業訓練	.146**	—
表現尊重取向	年齡	—	.016
	教育程度	—	.062
	每月收入	—	.004
	固定收入	.110*	—
R square=.067	職業訓練	.146**	—
工作與休閒取向	年齡	—	-.011
	教育程度	—	.030
	每月收入	—	.045
R square=.050	政府補助	-.129**	—

五、舊貧女性單親其「就業意願與培力」之路徑分析與討論

1. 依圖 6-7-6，可知，舊貧女性單親之年齡、個人利益、職業訓練會影響其再就業諮商經驗，其直接作用為-.142，.181 及.165。舊貧女性單親之教育程度，每月收入會影響其再就業諮商經驗，其間接作用為.030 及.038。即舊貧女性單親年齡愈高，則再就業諮商經驗會增高，且達顯著水準（P<0.05）；即舊貧女性單親獲得個人利益愈高，則再就業諮商經驗也會增高，且達極顯著水準（P<0.01）。而舊貧女性單親之年齡、個人利益、職業訓練，對其再就業諮商經驗之解釋力為 6.9%。總之，舊貧女性單親透過個人利益（直接作用=.181，P<0.01）及職業訓練（直接作用=.165，P<0.01）來影響其再就業諮商經驗（表 6-7-5）。

2. 舊貧女性單親之年齡、教育程度、每月收入會影響其工作價值之一的人生目標，其間接作用為.036，.057 及.033。舊貧女性單親之固定收入、職業訓練會影響其工作價值之一的人生目標，其直接作用為.136 及.199。即舊貧女性單親獲得固定收入愈高，則對人生目標認同也會增高，且達顯著水準（P<0.05）。而舊貧女性單親之職業訓練愈有經驗，則愈有人生目標認同，且達顯著水準（P<0.01）。舊貧女性單親之年齡、教育程度、每月收入、固定收入、職業訓練，對其人生目標解釋力為 8.4%。總之，舊貧女性單親透過自己固定收入（直接作用=.136，P<0.05）及職業訓練（直接作用=.199，P<0.05）來影響其人生目標。（表 6-7-5）。

3. 舊貧女性單親之年齡、教育程度、每月收入會影響其工作價值之一的尊嚴取向，其間接作用為.038，.063 及.039。舊貧

女性單親之固定收入、職業訓練會影響其工作價值之一的尊嚴取向，其直接作用為.160 及.210。即舊貧女性單親獲得固定收入愈高，則對尊嚴取向認同也會增高，且達顯著水準（P<0.05）；舊貧女性單親參加職業訓練經驗愈多，則對尊嚴取向認同也會增高，且達顯著水準（P<0.01）。且舊貧女性單親之年齡、教育程度、每月收入、固定收入、職業訓練，對其尊嚴取向解釋力為 8.6%。總之，舊貧女性單親透過自己固定收入（直接作用=.160，P<0.05）及職業訓練（直接作用=.210，P<0.01）來影響其尊嚴取向（表 6-7-5）。

4. 舊貧女性單親之年齡、教育程度會影響其工作價值之一的表現尊重取向，其間接作用為.036 及.031。舊貧女性單親之職業訓練會影響其工作價值之一的表現尊重取向，其直接作用為.199。即舊貧女性單親之職業訓練經驗愈多，則對表現尊重取向認同也會增高，且達顯著水準（P<0.01），且舊貧女性單親之年齡、教育程度、職業訓練，對其人生目標解釋力為 5.8%。總之，舊貧女性單親透過職業訓練（直接作用=.199，P<0.01）來影響其表現尊重取向（表 6-7-5）。

　　整體而言，舊貧女性單親透過個人利益及職業訓練會直接影響其再就業諮商經驗。舊貧女性單親透過自己固定收入及職業訓練會直接影響其人生目標。舊貧女性單親透過自己固定收入及職業訓練會直接影響其尊嚴取向。舊貧女性單親透過職業訓練會直接影響其表現尊重取向。

表 6-7-5　舊貧女性單親之就業意願與培力路徑分析表

依變項	自變項	直接作用	間接作用
再就業諮商	年齡	-.142*	—
	教育程度	—	.030
	每月收入	—	.038
	個人利益	.181**	—
R square=.069	職業訓練	.165**	—
人生目標	年齡	—	.036
	教育程度	—	.057
	每月收入	—	.033
	固定收入	.136*	—
R square=.084	職業訓練	.199*	—
尊嚴取向	年齡	—	.038
	教育程度	—	.063
	每月收入	—	.039
	固定收入	.160*	—
R square=.086	職業訓練	.210**	— —
表現尊重取向	年齡	—	.036
	教育程度	—	.031
	每月收入	—	
R square=.058	職業訓練	.199**	—

舊貧

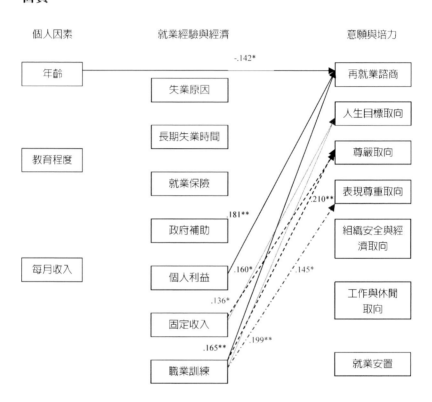

圖 6-7-6 舊貧女性單親之「個人因子」、「就業經驗與經濟」及
「意願與培力」之路徑分析圖

六、新貧女性單親其「就業意願與培力」之路徑分析與討論

1. 依圖 6-7-7，可知，新貧女性單親之年齡、教育程度、每月收入不會影響其再就業諮商經驗。新貧女性單親之政府補助收入會影響其再就業諮商經驗，其直接作用為.529。即新貧女性單親之政府補助收入愈多，則對再就業諮商經驗也會增高，且達極顯著水準（P<0.001），且新貧女性單親之政府補助，對其再就業諮商解釋力為 36.1%。總之，新貧女性單親透過政府補助（直接作用=.529，P<.001）來影響其再就業諮商經驗（表 6-7-6）。

2. 新貧女性單親之年齡、每月收入不會影響其工作價值之一的表現尊重取向。新貧女性單親之教育程度、固定收入會影響其表現尊重取向，其直接作用為.205 及.221。即新貧女性單親之教育程度愈高，則對表現尊重取向認同會增高，且達顯著水準（P<0.05），且新貧女性單親之教育程度及自己固定收入，對其表現尊重取向認同解釋力為 13.5%。總之，新貧女性單親透過教育程度（直接作用=.205，P<.05）及固定收入（直接作用=.221，P<.05）來影響其表現尊重取向認同（表 6-7-6）。

3. 新貧女性單親之年齡、教育程度、每月收入不會影響其工作休閒取向認同。新貧女性單親之政府補助收入、職業訓練會影響其工作休閒取向認同，其直接作用為.131 及-.278。即新貧女性單親之政府補助收入愈多，則對工作休閒取向認同愈高，且達顯著水準（P<0.05）；職業訓練愈多，則對工作休閒取向認同愈低，且達顯著水準（P<0.01）。新貧女性單親之政府補助及職業訓練，對其認同工作休閒取向解釋力為

14.4%。總之，新貧女性單親透過政府補助（直接作用=.131，
P<0.05）及職業訓練（直接作用=-.278，P<0.01）來影響其
工作休閒取向認同（表 6-7-6）。

　　整體而言，新貧女性單親透過政府補助會直接影響其再就業諮
商經驗。新貧女性單親透過教育程度及固定收入會直接影響其表現
尊重取向認同。新貧女性單親透過政府補助及職業訓練會直接影
響其工作休閒取向之認同。

表 6-7-6　新貧女性單親之就業意願與培力路徑分析表

依變項	自變項	直接作用	間接作用
再就業諮商	年齡	－	－
	教育程度	－	－
	每月收入	－	－
R square=.361	政府補助	.529***	－
表現尊重取向	年齡	－	－
	教育程度	.205*	－
	每月收入	－	－
R square=.135	固定收入	.221*	－
工作休閒取向	年齡	－	－
	教育程度	－	－
	每月收入	－	－
	政府補助	.131*	－
R square=.144	職業訓練	-.278**	－

新貧

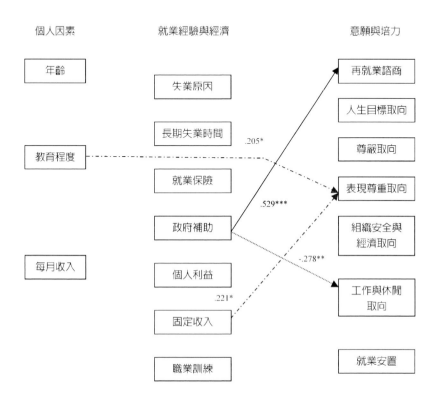

圖 6-7-7　新貧女性單親之「就業意願與培力」之路徑分析圖

七、新舊貧整體女性單親其「職業媒合」之路徑分析與討論

1. 依圖 6-7-8，可知，新舊貧整體女性單親之年齡、教育程度、每月收入等會影響尋職頻率，其間接作用為.016，.036及.053；政府補助收入會影響其尋職頻率，其直接作用為-.153。即新舊貧整體女性單親政府補助收入愈高，則尋職頻率愈低，且達顯著水準（P<0.05）。且新舊貧整體女性單親之年齡、教育程度、每月收入、政府補助等，對其尋職頻率解釋力為 9.0%。總之，新舊貧整體女性單親透過政府補助（直接作用=-.153，P<.05）來影響其尋職頻率（表 6-7-7）。

2. 新舊貧整體女性單親之年齡、再就業諮商、就業安置期間、個人利益等會影響其尋職方式，其直接作用為-.147，.125，.130 及.247；新舊貧整體女性單親之年齡、教育程度、每月收入等會影響其尋職方式，其間接作用為-.003，.013 及.041。即新舊貧整體女性單親年齡愈大，則尋職方式愈少多元化，且達顯著水準（P<0.01）；新舊貧整體女性單親再就業諮商經驗愈多，則愈會提高其尋職頻率，且達顯著水準（P<0.05）；新舊貧整體女性單親在就業安置時間愈長，則愈會增加其尋職方式多元化，且達顯著水準（P<0.01）；新舊貧整體女性單親獲得個人利益愈多，則愈會增加其尋職方式多元化，且達極顯著水準（P<0.001）。且新舊貧整體女性單親之年齡、教育程度、每月收入、再就業諮商、就業安置期間、個人利益等，對其尋職方式解釋力為13.1%。總之，新舊貧整體女性單親透過年齡（直接作用=-.147，P<0.01）、再就業諮商（直接作用=.125，P<0.05）、

就業安置（直接作用=.130，P<0.01）、個人利益（直接作用=.247，P<0.001）等來影響其尋職方式（表 6-7-7）。

　　整體而言，新舊貧整體女性單親透過政府補助會直接影響其職業媒合之尋職頻率。新舊貧整體女性單親透過年齡、再就業諮商、就業安置、個人利益等會直接影響其職業媒合之尋職方式。

表 6-7-7　新舊貧女性單親之職業媒合路徑分析表

依變項	自變項	直接作用	間接作用
尋職頻率	年齡	－	.016
	教育程度	－	.036
	每月收入	－	.053
R square=.090	政府補助	-.153*	－
尋職方式	年齡	-.147**	-.003
	教育程度	－	.013
	每月收入	－	.041
	再就業諮商	.125*	－
	就業安置	.130**	－
R square=.131	個人利益	.247***	－

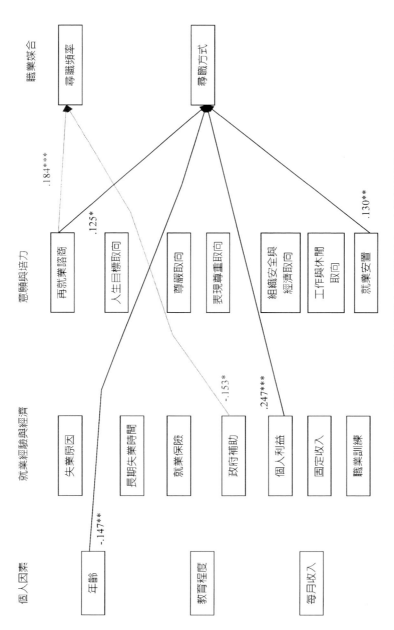

圖 6-7-8　新舊貧體整體女性單親之「職業媒合」之路徑分析圖

八、舊貧女性單親之「職業媒合」路徑分析

1. 依圖 7-9，可知，舊貧女性單親之年齡、教育程度、每月收入等會影響其尋職頻率，其間接作用為.057，.012 及-.055；政府補助、再就業諮商、人生目標等會影響其尋職頻率，其直接作用為-.137，.214 及-.227。即舊貧女性單親政府補助收入愈高，則尋職頻率愈低，且達顯著水準（P<0.05）；舊貧女性單親之再就業諮商經驗愈高，則其尋職頻率愈高，且達顯著水準（P<0.01）；舊貧女性單親之人生目標認同愈高，則其尋職頻率愈低，且達顯著水準（P<0.05）。且舊貧女性單親之年齡、教育程度、每月收入、政府補助、再就業諮商、人生目標等，對其尋職頻率解釋力為 15.5%。總之，舊貧女性單親透過政府補助（直接作用=-.137，P<0.05）、再就業諮商（直接作用=.214，P<0.01）、人生目標（直接作用=-.227，P<0.05）等來影響其尋職頻率（表 6-7-8）。

2. 舊貧女性單親之年齡、教育程度、每月收入等會影響其尋職方式，其間接作用為-.005，.039 及.049；再就業諮商、個人利益、就業安置等會影響其尋職方式，其直接作用為.214，.232 及.153。即舊貧女性單親再就業諮商經驗愈高，則尋職方式愈多元化，且達顯著水準（P<0.01）；舊貧女性單親之個人利益收入愈高，則其尋職方式愈多元化，且達極顯著水準（P<0.001）；舊貧女性單親之就業安置時間愈長，則其尋職方式愈多元化，且達顯著水準（P<0.01）。且舊貧女性單親之年齡、教育程度、每月收入、再就業諮商、個人利益、就業安置等，對其尋職方式解釋力為 19.6%。總之，舊貧女性單親透過再就業諮商（直接作用=.214，P<0.01）、

個人利益（直接作用=.232，P<0.001）、就業安置（直接作用=.153，P<0.01）等來影響其尋職方式（表6-7-8）。

整體而言，舊貧女性單親透過政府補助、再就業諮商、人生目標等會直接影響其尋職頻率。舊貧女性單親透過再就業諮商、個人利益、就業安置等會直接影響其尋職方式。

表 6-7-8　舊貧女性單親之職業媒合路徑分析表

依變項	自變項	直接作用	間接作用
尋職頻率	年齡	—	.057
	教育程度	—	.012
	每月收入	—	-.055
	政府補助	-.137*	—
	再就業諮商	.214**	—
R square=.155	人生目標取向	-.227*	—
尋職方式	年齡	—	-.005
	教育程度	—	.039
	每月收入	—	.049
	再就業諮商	.214**	—
	就業安置	.153**	—
R square=.196	個人利益	.232***	—

九、新貧之女性單親「職業媒合」之路徑分析

1. 依圖 6-7-10，可知，新貧女性單親之年齡、教育程度、每月收入等會影響其尋職頻率，無顯著影響力；但就業保險、表現尊重取向、就業安置時間等會影響其尋職頻率，其直接作用為-.234，-.316 及.220。即新貧女性單親有參加就業保險愈高，則尋職頻率愈低，且達顯著水準（P<0.05）；新貧女性單親之表現尊重認同愈高，則其尋職頻率愈高，且達顯著水準（P<0.05）；新貧女性單親之就業安置時間愈長，則其

尋職頻率愈高，且達顯著水準（P<0.05）。且新貧女性單親
之年齡、教育程度、每月收入、再就業諮商、就業安置等，
對其尋職頻率解釋力為 25.0%。總之，新貧女性單親透過就
業保險（直接作用=-.234，P<0.05）、表現尊重取向（直接作
用=-.316，P<0.05）、就業安置（直接作用=.220，P<0.05）
等來影響其尋職頻率（表 6-7-9）。

2. 新貧女性單親之教育程度、每月收入等不會影響其尋職方
式，而新貧女性單親之年齡其間接作用為.057；但就業保
險、個人利益、政府補助等會影響其尋職方式，其直接作用
為-.322，.216 及.248。即新貧女性單親有參加就業保險愈
高，則尋職方式愈少多元化，且達顯著水準（P<0.01）；新
貧女性單親之個人利益愈高，則其尋職方式愈多元化，且達
顯著水準（P<0.05）；新貧女性單親之政府補助收入愈多，
則其尋職方式愈多元化，且達顯著水準（P<0.05）。且新貧
女性單親之年齡、教育程度、每月收入、再就業諮商、個人
利益、政府補助等，對其尋職方式解釋力為 24.3%。總之，
新貧女性單親透過就業保險（直接作用=-.322，P<0.01）、個
人利益（直接作用=.216，P<0.05）、政府補助（直接作用
=.248，P<0.05）等來影響其尋職方式（表 6-7-9）。

整體而言，新貧女性單親透過就業保險、表現尊重取向、就
業安置等會直接影響其尋職頻率。新貧女性單親透過就業保險、
個人利益、政府補助等會直接影響其尋職方式。

表 6-7-9 新貧女性單親之職業媒合路徑分析表

依變項	自變項	直接作用	間接作用
尋職頻率	年齡	─	─
	教育程度	─	─
	每月收入	─	─
	就業保險	-.234*	─
	表現尊重取向	-.316*	─
R square=.250	就業安置取向	.220*	─
尋職方式	年齡	─	.057
	教育程度	─	─
	每月收入	─	─
	就業保險	-.322**	─
	個人利益	.216*	─
R square=.243	政府補助	.248*	─

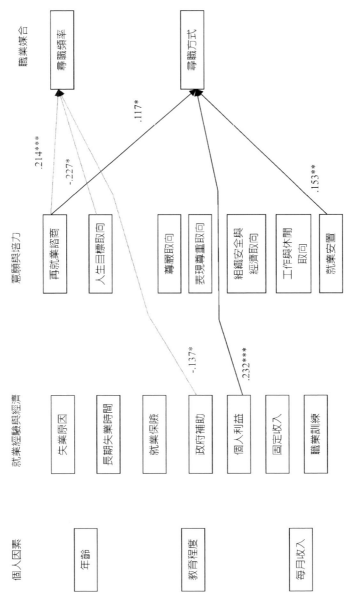

圖 6-7-9　舊貧女性單親之「職業媒合」路徑分析圖

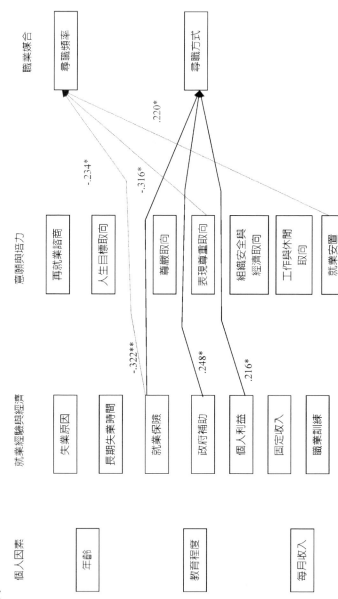

圖 6-7-10　新貧女性單親之「職業媒合」路徑分析圖

十、新舊貧整體女性單親其「就業服務輸送機制」之路徑分析

1. 依圖 6-7-11，可知，新舊貧整體女性單親之年齡、教育程度、每月收入等間接影響其再就業登記手續時間選擇，其間接作用為-.018，.027 及.039。新舊貧整體女性單親之個人利益收入、組織安全與經濟、尋職方式等會影響其再就業登記手續時間選擇，其直接作用為.120，-.181 及.135。即新舊貧整體女性單親個人利益收入愈高，則再就業登記手續愈會選擇時間較長，且達顯著水準（P<0.05）；新舊貧整體女性單親認為組織安全與經濟之工作價值程度愈高，則愈會選擇再就業登記手續時間流程較短，且達顯著水準（P<0.05）。新舊貧整體女性單親尋職方式愈多元化，則會選擇再就業登記手續時間流程愈長，且達顯著水準（P<0.05）。且新舊貧整體女性單親之年齡、教育程度、每月收入、個人利益收入、組織安全與經濟、尋職方式等，對其再就業手續時間解釋力為9.0%。總之，新貧女性單親透過組織安全與經濟取向認同（直接作用=-.181，P<.01）、個人利益（直接作用=.120，P<.05）、尋職方法（直接作用=.135，P<.05）等來影響其再就業登記手續時間長短選擇（表 6-7-10）。

2. 新舊貧整體女性單親之年齡、教育程度、每月收入等間接影響其再就業等待時間選擇，其間接作用為 -.033，.004 及.013。新舊貧整體女性單親之教育程度、尋職方式等會影響其再就業等待時間長短，其直接作用為.168 及.126。即新舊貧整體女性單親教育程度愈高，則再就業等待時間愈會選擇較長，且達顯著水準（P<0.01）；新舊貧整體女性單尋職方式愈多元化，則愈會選擇再就業等待時間長，且達顯著水

準（P<0.05）。且新舊貧整體女性單親之年齡、教育程度、每月收入、尋職方式等，對其再就業等待時間解釋力為 7.5% 總之，新舊貧整體女性單親透過教育程度（直接作用=.168，P<0.01）、尋職方式（直接作用=.165，P<0.05）等來影響其再就業等待時間長短選擇（表 6-7-10）。

　　整體而言，新舊貧整體女性單親透過組織安全與經濟取向認同、個人利益、尋職方式等會直接影響其就業服務輸送之再就業登記手續時間長短之選擇。新舊貧整體女性單親透過教育程度、尋職方式等會直接影響其就業服務輸送之再就業等待時間長短之選擇。

表 6-7-10　新舊貧女性單親之就業服務輸送路徑分析表

依變項	自變項	直接作用	間接作用
就業手續	年齡	－	-.018
	教育程度	－	.027
	每月收入	－	.039
	組織安全與經濟	-.181*	－
	個人利益	.120*	－
R square=.090	尋職方式	.135*	－
等待就業時間	年齡	－	-.033
	教育程度	.168**	.004
	每月收入	－	.013
R square=.075	尋職方式	.165*	－

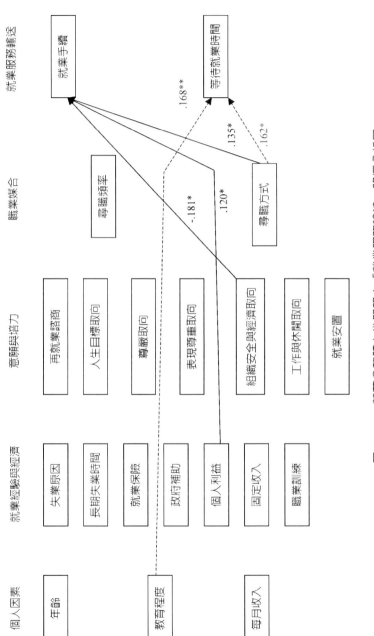

圖 6-7-11　新舊貧窮整體女性單親之「就業服務輸送」路徑分析圖

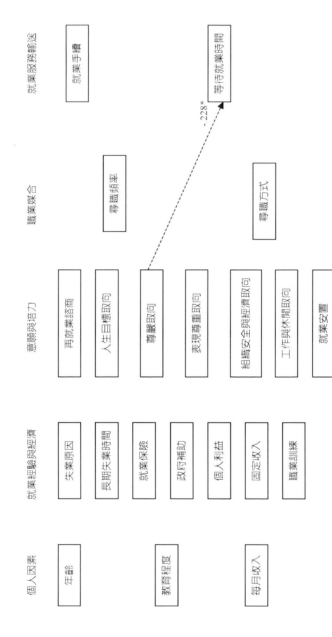

圖 6-7-12　舊貧女性單親之「就業服務輸送」路徑分析圖

十一、舊貧女性單親之「就業服務輸送」路徑分析

依圖 6-7-12，可知，舊貧女性單親之年齡、教育程度、每月收入等間接影響其再就業等待時間選擇，其間接作用為-.008，.014及.008。舊貧女性單親之尊嚴取向認同等會影響其再就業等待時間選擇，其直接作用為-.228。即舊貧女性單親對尊嚴認同愈高，則再就業等待時間愈會選擇時間較短，且達顯著水準（P<0.05）；且舊貧女性單親之年齡、教育程度、每月收入、尊嚴取向等，對其再就業等待時間解釋力為 8.7%。總之，舊貧女性單親透過尊嚴認同（直接作用=.228，P<.05）來影響其再就業等待時間長短選擇（表6-7-11）。

簡言之，舊貧女性單親透過尊嚴認同會直接影響其再就業等待時間長短之選擇。

表 6-7-11　舊貧女性單親之就業服務輸送路徑分析表

依變項	自變項	直接作用	間接作用
等待就業時間	年齡	－	-.008
	教育程度	－	.014
	每月收入	－	.008
R square=.087	尊嚴取向	-.228*	－

十二、新貧女性單親之「就業服務輸送」路徑分析

1. 依圖 6-7-13，可知，新貧女性單親之年齡、教育程度等無影響其再就業登記手續時間選擇。新貧女性單親之每月收入及組織安全與經濟取向認同等會影響其再就業手續時間選擇，其直接作用為.259 及-.449。即新貧女性單親之每月收入愈高則再就業手續登記會選擇時間較長；對組織安全與經濟取向

認同愈高，則再就業手續登記愈會選擇時間較短，且達顯著水準（P<0.05），且新貧女性單親之年齡、教育程度、每月收入、組織安全與經濟取向等，對其再就業手續時間選擇解釋力為28.1%。總之，新貧女性單親透過組織安全與經濟認同（直接作用=-.449，P<0.05）及每月收入（直接作用=.259，P<0.05）來影響其再就業手續時間長短之選擇（表6-7-12）。

2. 新貧女性單親之年齡、每月收入等無影響其再就業等待時間選擇。但教育程度會影響其再就業等待時間長短的選擇，其直接作用為.243。即新貧女性單親教育程度愈高，則選擇再就業等待時間愈會選擇時間較長，且達顯著水準（P<0.05），且新貧女性單親之年齡、教育程度、每月收入，對其再就業等待時間長短的選擇解釋力為24.4%。總之，新貧女性單親透過教育程度（直接作用=.243，P<0.05）來影響其再就業等待時間長短選擇（表6-7-12）。

整體言之，新貧女性單親透過每月收入及組織安全與經濟認同會直接影響其再就業手續時間長短之選擇。新貧女性單親透過教育程度會直接影響其再就業等待時間長短之選擇。

表6-7-12　新貧女性單親之就業服務輸送路徑分析表

依變項	自變項	直接作用	間接作用
等待就業時間	年齡	―	―
	教育程度	.243*-	―
	每月收入	―	―
R square=.244			
再就業手續	年齡	―	―
	教育程度	―	―
	每月收入	.259*	―
R square=.281	組織安全與經濟	-.449*	―

十三、新舊貧整體女性單親之「個人因素」、「就業經驗與經濟」
　　　及「意願培力」、「職業媒合」、「就業服務輸送」間之路
　　　徑分析

　　從圖 6-7-14 顯示，整體女性單親之「個人因素」、「就業經驗
與經濟」及「意願培力」間路徑關係較強，但「職業媒合」及「就
業服務輸送」間僅尋職方式與就業服務輸送較有關係，但尋職頻率
與就業服務輸送間則無關係。

　　從圖 6-7-15 及圖 6-7-16 顯示，無論舊貧或新貧，在職業媒合
與就業服務輸送之相關變項間無相關。

新貧

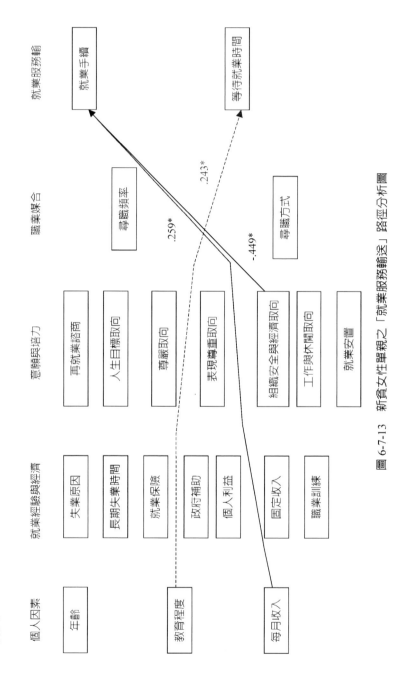

圖 6-7-13　新貧女性單親之「就業服務輸送」路徑分析圖

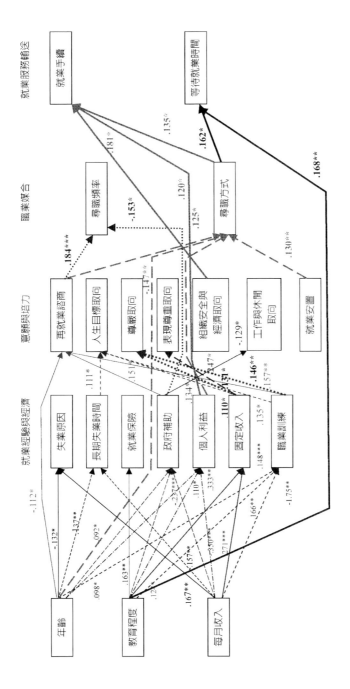

圖 6-7-14　新舊貧窮整體女性單親之「個人因素」、「就業經驗與經濟」及
「意願與培力」、「職業媒合」、「就業服務輸送」路徑分析總圖

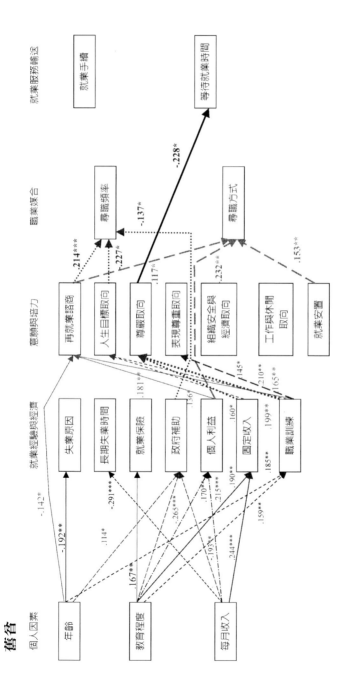

圖 6-7-15　舊貧女性單親之「個人因素」、「就業經驗與經濟」及「意願與培力」、「職業媒合」、「就業服務輸送」路徑分析總圖

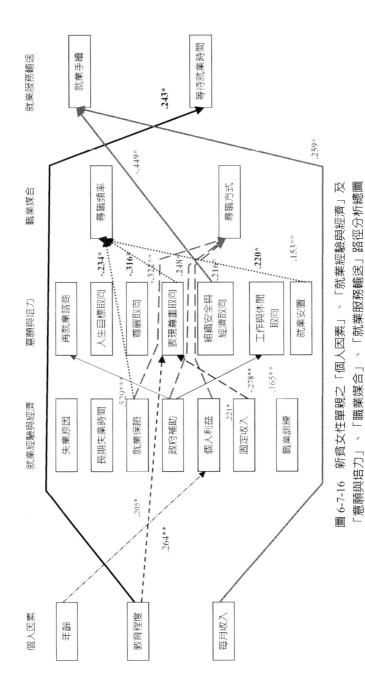

圖 6-7-16　新貧女性單親之「個人因素」、「就業經驗與經濟」及
「意願與培力」、「職業媒合」、「就業服務輸送」路徑分析總圖

第八節　綜合分析

一、女性單親再就業意願與培力之分析討論

　　有七成六女性單親未參加職業訓練，且認為參加職業訓練並不能增加轉業機會者占四成四。北歐各國在積極勞動市場政策下，透過職業訓練以達到勞工技能的提昇或促進勞工順利轉業是重要的機制，研究結果之現象應檢視職業訓練單位在課程設計上是否符合市場需求，及（黃奕嘉，2004）我國職業訓練執行單位之具體課程之資源整合仍缺系統性機制有關，且（簡建忠，1994）訓練結束後之評鑑僅採 Kirkpatrick，只要測量其行為層次，不考慮訓練目標與訓練評鑑專業能力是無法評量其學習成效的。

二、新貧與舊貧對「就業經驗與經濟」、「就業意願與培力」、「職業媒合」及「就業服務輸送」之相關比較分析

1. 新貧與舊貧女性單親之「就業經驗與經濟」與「就業意願與培力」方面相同之點：新舊貧女性單親有參與就業諮商機會愈高者，愈有領取參與職業訓練生活津貼、提前就業獎金、全民健保費等就業保險福利。新貧與舊貧女性單親之「就業經驗與經濟」與「就業意願與培力」方面不同之點：舊貧有參加就業保險者，愈有機會領取失業給付及相關就業保險福利，而新貧參加再就業諮商就愈有機會領取就業相關福利。本研究對象之平均年齡為 42.78 歲，根據勞工保險年報（2003）統計，女性領取「提早就業獎助津貼」及「被保險人接受職業訓練」年齡均集中在 25-44 歲相符。

2. 新貧與舊貧女性單親之「就業意願與培力」與「職業媒合」方面不同之點：舊貧女性單親尋職頻率愈高，愈會有再就業諮商及參加職業訓練機會；而尋職方式愈多元化，則愈有再就業諮商機會。而新貧女性單親之尋職頻率愈高，則愈會有尋職方式多元化趨勢及就業安置機會。也就是說，新貧女性單親之專業能力較舊貧專業能力強，尋職方式多元化後，新貧女性單親則再就業安置上較短時間。新貧尋職頻率高且尋職方式多元化，其結論與職業媒合模型中強調失業者的求職行為頻率愈高，其可能再就業意義相符。

3. 新貧與舊貧女性單親之「職業媒合」與「就業服務輸送」方面相同之點：舊貧與新貧女性單親在尋職方式採多元化，則愈會再辦理就業手續時間的選擇上傾向於愈長。

新貧與舊貧女性單親之「職業媒合」與「就業服務輸送」方面不同之點：舊貧女性單親在尋職方式多元化下，在等待就業時間選擇上傾向於較長，而新貧女性單親則在尋職方式多元化與等待就業時間選擇上無達顯著相關。

上述結論與政府福利政策有關，舊貧女性單親有接受政府補助如低收入生活扶助、特殊境遇補助、以工代賑等的福利，但新貧者因其申請補助條件不符，是被社會所排除的，故，新貧女性單親尋職方式多元化，其就業安置時間較短。

三、舊貧與新貧之就業經驗與經濟層次比較分析

舊貧與新貧女性單親之就業經驗與經濟層次的不同點：舊貧女性單親的年齡、教育程度愈高，參與職業訓練會有增高趨勢。此結論符合失業勞工願意接受職業教育訓練者屬壯年（35-44 歲）為多。而新貧女性單親之年齡、教育程度不會影響其參加職業訓練。

四、舊貧與新貧之就業意願與培力層次比較分析

舊貧與新貧女性單親之就業意願與培力層次的不同點：

1. 舊貧女性單親之年齡直接影響其再就業諮商經驗。其年齡愈低，再就業諮商經驗會愈高。新貧女性單親之年齡無直接或間接影響其再就業諮商。

2. 舊貧女性單親之年齡及教育程度均會間接影響其人生目標取向、尊嚴取向及表現尊重取向之工作價值影響因素。新貧女性單親之教育程度直接影響其表現尊重取向之工作價值影響因素。此結論符合 Van der Velde, Van Emmerik & Feij（1998）認為心智成熟會隨著年齡增加而增長，工作價值觀會逐漸由較重視外在價值轉變成較重視內在價值觀。

五、舊貧與新貧之職業媒合層次比較分析

舊貧與新貧女性單親之職業媒合層次的相同點：

1. 舊貧及新貧女性單親間接透過年齡間接影響尋職方式。

2. 舊貧及新貧女性單親之個人利益來源，直接影響其尋職方式傾向於多元化。

舊貧與新貧女性單親之職業媒合層次的不同點：

1. 舊貧女性單親透過年齡、教育程度、每月收入間接影響其尋職頻率；而新貧女性單親不透過年齡、教育程度、每月收入直接或間接影響其尋職頻率。

2. 舊貧女性單親之個人利益收入愈低、對人生目標取向認同愈低、再就業諮商愈高，其尋職頻率愈高。新貧女性單親之有就業保險者、對表現尊重取向認同愈低、就業安置時間愈長，其尋職頻率愈高。舊貧女性單親之再就業諮商愈高、就

業安置時間愈長，則其尋職方式愈多元化。新貧女性單親之無就業保險、政府補助愈高，則其尋職方式愈多元化。

六、舊貧與新貧之就業服務輸送層次比較分析

舊貧與新貧女性單親再就業服務輸送層次的不同點：舊貧女性單親之尊嚴取向認同愈高，直接影響其再就業等待時間傾向於愈長的選擇。而新貧女性單親之組織安全與經濟認同愈高，直接影響其再就業手續時間傾向於愈短的選擇。而新貧女性單親之教育程度愈高，直接影響其再就業等待時間傾向於愈短的選擇，但舊貧女性單親則透過教育程度間接影響其再就業等待時間的選擇。故，新貧女性單親的教育程度影響大於舊貧女性單親之再就業等待時間長短的選擇。

第七章 研究主要發現與建議

　　本研究旨在研究女性單親在就業意願與培力、就業媒合及就業服務輸送間相關因素，為達成研究目的，首先探討國內外相關文獻及研究成果，作為分析、建立研究架構與假設，並採問卷調查法進行實地資料之蒐集，以檢證研究假設。

　　本研究以居住於台北市平宅及向各區婦女服務中心求助個案，學校輔導室輔導女性單親兒童之家長，各民間團體之女性單親經濟輔導戶，並曾參加勞工局就業服務站登記之女性單親以滾雪球方式尋找等方式為研究對象，共得樣本 385 人，經剔除填答不全或資格不符者，共得有效樣本 375 人，有效樣本回收率為 90.36%。為證實本研究之研究假設，乃採取皮爾遜積差相關分析、One-way ANOVA 分析及路徑分析等統計方法，予以分析及討論。茲將研究主要發現、結論、建議及研究限制，說明如下：

第一節　研究主要發現

一、新舊貧女性單親在個人特性對就業經驗與經濟之相關影響

1. 新舊貧整體女性單親而言，年齡愈大，則非自願離職愈多，長期失業時間愈長，個人生活經濟來源之政府補助（包括生活扶助、特殊境遇婦女補助、以工代賑）及（儲蓄及利息、

投資利潤、撫恤金）個人利益收入愈多，參加職訓機會就有
愈多的趨勢。

新舊貧整體女性單親教育程度愈高，參與就業保險則愈高，
個人生活經濟來源之政府補助及固定收入也增多，但儲蓄及
利息、投資利潤、撫恤金等個人利益愈少，參加職訓機會有
愈增加趨勢。

新舊貧整體女性單親每月收入愈高，自願離職愈高，長期失
業時間愈短，個人生活經濟來源之個人利益及固定收入有增
多趨勢，但政府補助收入愈少，參加職訓機會則有愈少趨勢。

2. 舊貧女性單親年齡愈大，非自願性離職原因愈高，個人利益
趨於增加，參加職業訓練機會有愈多趨勢。

舊貧女性單親教育程度愈高，則參加就業保險及職業訓練機
會有愈多趨勢，但生活經濟來源之固定收入及政府補助愈
高，但個人利益則趨於減少。

舊貧女性單親每月收入愈高，則長期失業時間愈短，生活經
濟來源之固定收入及個人利益也有愈高趨勢。

3. 新貧女性單親年齡愈大，政府補助趨於愈高。

二、新舊貧女性單親在就業經驗與經濟對就業意願與培力之相 關影響

1. 新舊貧整體女性單親透過政府補助及職業訓練直接影響其
再就業諮商經驗；透過長期失業時間、固定收入及職業訓練
直接影響其實現人生目標認同之工作價值；透過固定收入及
職業訓練直接影響其尊嚴取向認同之工作價值；透過個人利
益直接影響其表現尊重取向認同之工作價值；透過個人利益
直接影響其工作休閒取向認同之工作價值。但新舊貧整體女

性單親其年齡、教育程度、每月收入等個人因素有間接作用
於再就業諮商經驗、認同實現人生目標取向、認同尊嚴取
向、認同表現尊重取向、認同工作休閒取向等之工作價值。

2. 舊貧女性單親透過年齡、個人利益及職業訓練直接影響其再
就業諮商經驗，透過固定收入及職業訓練直接影響其尊嚴取
向認同之工作價值，亦透過職業訓練直接影響其表現尊重取
向認同之工作價值。但其教育程度、每月收入等個人因素有
間接作用於再就業諮商經驗；舊貧女性單親其年齡、教育程
度、每月收入等個人因素有間接作用於認同實現人生目標取
向、認同尊嚴取向、認同表現尊重取向等之工作價值。

3. 新貧女性單親透過政府補助收入直接影響其再就業諮商經
驗，透過教育程度及固定收入直接影響其表現尊重取向認同
之工作價值，透過政府補助直接影響其工作休閒取向認同之
工作價值。

三、新舊貧女性單親在就業意願與培力對職業媒合之相關影響

1. 新舊貧整體女性單親透過政府補助直接影響其尋職頻率，透
過年齡、再就業諮商就業安置、個人利益直接影響其職業媒
合之尋職方式。新舊貧整體女性單親其年齡、教育程度、每
月收入等個人因素有間接作用於尋職頻率及尋職方式等職
業媒合。

2. 舊貧女性單親透過政府補助、再就業諮商、人生目標取向等
直接影響其尋職頻率，透過再就業諮商、個人利益、就業安
置直接影響其尋職方式。舊貧女性單親其年齡、教育程度、
每月收入等個人因素有間接作用於尋職頻率及尋職方式等
職業媒合。

3. 新貧女性單親透過就業保險、表現尊重取向、就業安置等直接影響其尋職頻率，透過就業保險、個人利益收入、政府補助等直接影響其尋職方式。而新貧女性單親其年齡有間接作用於尋職方式。

四、新舊貧女性單親在職業媒合對就業服務輸送之相關影響

1. 新舊貧整體女性單親透過組織安全與經濟取向認同、政府補助、尋職方式等直接影響其再就業登記手續時間長短之就業服務輸送，透過教育程度、尋職方式等直接影響其再就業等待時間長短之選擇之就業服務輸送。新舊貧整體女性單親其年齡、教育程度、每月收入等個人因素有間接作用於就業服務輸送之再就業登記手續時間及再就業等待時間。

2. 舊貧女性單親透過尊嚴取向認同直接影響其再就業等待時間長短的選擇。舊貧女性單親其年齡、教育程度、每月收入等個人因素有間接作用於就業服務輸送之再就業等待時間之選擇。

3. 新貧女性單親透過組織安全與經濟取向直接影響其再就業登記手續時間長短之選擇，透過教育程度直接影響其再就業等待時間長短之選擇。

五、女性單親的就業經驗與經濟層次直接影響因素之解釋力

1. 新舊貧整體女性單親之年齡、教育程度、每月收入等個人因素，對經濟來源之政府補助解釋力最高達 26.4%，次為對經濟來源之個人利益之解釋力為 17.5%，對經濟來源之固定收入之解釋力為 12.8%。

2. 舊貧女性單親之政府補助，對生活經濟來源之解釋力最高達14.0%，次為固定收入之解釋力為 11.2%，再次為每月收入對長期失業時間之解釋力為 10.4%。

3. 新貧女性單親之個人利益，對其生活經濟來源之解釋力最高達 8.1%。

六、女性單親的就業意願與培力層次直接影響因素之解釋力

1. 新舊貧整體女性單親之年齡、教育程度、每月收入等個人因素及長期失業時間、固定收入、職業訓練等就業經驗與經濟，對其認同實現人生目標取向的工作價值之解釋力最高達7.5%，次為年齡、教育程度、每月收入等個人因素及固定收入、職業訓練等就業經驗與經濟，對其認同表現尊重取向的工作價值之解釋力為 6.7%。

2. 舊貧女性單親之年齡、教育程度、每月收入等個人因素及固定收入、職業訓練等就業經驗與經濟，對其認同實現人生目標取向的工作價值之解釋力最高達 8.6%，次為對尊嚴取向的工作價值之解釋力為 8.4%。

3. 新貧女性單親政府補助，對其再就業諮商經驗解釋力最高達36.1%，次為對認同工作休閒取向的工作價值解釋力為14.4%；教育程度及固定收入，對其認同表現尊重取向的工作價值解釋力為 13.5%。

七、女性單親的職業媒合層次直接影響因素之解釋力

1. 新舊貧整體女性單親之年齡、教育程度、每月收入等個人因素及再就業諮商、就業安置時間、個人利益等，對其尋職方

　　式解釋力最高達 13.1%，次為年齡、教育程度、每月收入、政府補助等對其尋職頻率解釋力為 9.0%。

2. 舊貧女性單親之年齡、教育程度、每月收入等個人因素及再就業諮商、個人利益、就業安置時間等，對其尋職方式解釋力最高達 19.6%，次為年齡、教育程度、每月收入等個人因素及再就業諮商、實現人生目標取向的工作價值等，對其尋職頻率解釋力最高達 15.5%。

3. 新貧女性單親之年齡、教育程度、每月收入等個人因素及再就業諮商、就業安置時間等，對其尋職頻率解釋力最高達 25.0%，次為年齡、教育程度、每月收入、再就業諮商、個人利益、政府補助等，對其尋職方式解釋力為 24.3%。

八、女性單親的就業服務輸送層次直接影響因素之解釋力

1. 新舊整體女性單親之年齡、教育程度、每月收入、個人利益、組織安全與經濟、尋職方式等，對其再就業登記手續時間解釋力最高達 9.0%；次為新舊整體女性單親之年齡、教育程度、每月收入、尋職方式等，對其再就業等待時間解釋力達 7.5%。

2. 舊貧女性單親之年齡、教育程度、每月收入、尊嚴取向認同的工作價值等，對其再就業等待時間解釋力最高達 8.7%。

3. 新貧女性單親之年齡、教育程度、每月收入、組織安全與經濟取向認同的工作價值等，對其再就業登記手續時間解釋力最高達 28.1%；次為新貧女性單親之年齡、教育程度、每月收入等，對其再就業等待時間解釋力為 24.4%。

第二節　建議

　　茲依據本研究結果、主要發現，及所歸納之結論，提供下列建議，作為就業服務輸送及輔導之參考：

一、在女性單親方面

（一）加強女性單親對就業保險權益之認知

　　五成以上之女性單親有參加就業保險，但有近九成女性單親未領失業給付，九成以上未領提前就業獎助津貼。可見，多數女性單親對就業保險權益認知不足。

（二）鼓勵女性單親充分運用就業服務站資源

　　近八成女性單親未做過再就業前諮商，四成三女性單親不知道有就業服務諮商服務。因此，以了解自己就業心理準備狀況、個人性向能力、職業適應性、就業市場求才需求、參加職業訓練種類資格等的諮商目的必要。且有三成女性單親每年到就業服務站登記再就業手續，足見女性單親未充分使用就業服務站的資源以利就業機會。

（三）宣導實現人生目標之工作價值

　　五成以上女性單親同意工作價值可以在工作中開創自己生涯來實現人生目標，但有近五成女性單親不認為在工作中開創自己生涯來實現人生目標，尤其接受政府補助愈多之低收入女性單親，會去參加再就業諮商，透過職業訓練實現其人生目標取向、尊嚴取向、表現尊重取向等工作價值。可見，宣導工作價值觀念是有必要

的，可透過各社區服務中心辦理女性單親職業道德課程之宣導，增強其就業意願，以利提高實現脫貧計畫。

二、在公立就業服務單位方面

（一）加強職業訓練資訊宣導

有四成女性單親不知道有職業訓練資訊，除上網路上公佈職業訓練課程外，在各社區村里長辦公室張貼職業訓練消息，落實社區福利服務理念。

（二）加強職訓局專業課程訓練符合市場需求

六成四以上女性單親認為就業能力養成是經由職訓局專業課程訓練；有四成四女性單親認為參加職業訓練並不能增加轉業機會，足見提供職業訓練課程單位在課程訓練項目上無法符合市場需求。

（三）縮短再就業流程手續

有三成以上女性單親認為在辦理再就業登記手續時間上能縮短，雖就業服務站有義工協助，但有五成以上女性單親期待求職登記表能簡單明瞭，以利其部分教育程度在中下階層者。

三、在政府就業政策實施方面

（一）鼓勵企業單位提供訓練課程

三成五女性單親認為就業能力養成方式是經由政府委託民間職業訓練獲得的，因企業單位求才是針對其企業運作上的專業需求

而徵才，為提高女性單親就業能力及其就業機會，政府能擴大鼓勵
企業單親辦理專業課程訓練。

（二）各社區服務中心與就業服務站連線

　　女性單親認為最符合再就業的協助上，有六成五以上女性單親
會選擇以離家近的公立就業站為最多，近六成五女性單親會選擇以
離家近的社區服務中心。足見，就業服務輸送以方便性、就近性、
連續性為服務輸送之原則是女性單親共同的期待。故，建議就業服
務站在職業媒合上能與各社區福利服務中心連線，以利提高女性單
親就業率。

四、後續研究方面

　　（一）對新貧女性單親之職業媒合部分，可進一步以質化方式探
　　　　　討教育程度在大學以上者之尋職方式及其期待。

　　（二）對舊貧女性單親之就業意願與培力部分，可進一步以質化
　　　　　方式探討其工作生活價值對其就業意願的影響及參加職
　　　　　訓過程的學習態度。

第三節　研究限制

一、應均衡研究樣本之比例範圍

　　本研究有效樣本共 375 人，其中以台北市平宅 103 人為最多，
而各區婦女服務中心採個案研究對象意願為主，僅得 30 人，及協
會團體、基金會、國中小學等 145 人，其餘以滾雪球方式取得樣本

97 人，所得樣本數之女性單親以每月所得在三萬元以下及三萬元以上來劃分新舊貧女性單親身分，無法獲得對等新舊貧女性單親研究樣本，及教育程度多數為高中職，難比較各教育階層的就業真正困難。

二、問卷設計題目形式影響統計分析

　　問卷調查設計有六題跳答題及六題複選題，增加統計分析上之遺漏值影響分析結果。

三、經費有限，影響訪員訓練不足

　　雖有社工員協助問卷，但有近五十份由研究對象自行填答，影響填答問卷內容的理解性。

四、應用更精確之統計分析方法

　　在量化的實證研究中，統計分析方法需適用於研究設計，但相對而言，研究設計受限於研究者個人統計分析能力。因筆者的資料處理與統計分析的能力有限，使得本研究無法採 LISREL 模式來分析其影響女性單親就業潛在變項間的關係，僅能以路徑分析，分析變量間多層次的因果聯繫方法。因此，本研究僅能就各變項間的影響提出直接作用及間接作用。

參考文獻

一、中文部分

內政部（1998）。<u>台閩地區婦女生活狀況調查報告</u>。內政部。

內政部（2002）。<u>台閩地區婦女生活狀況調查報告</u>。內政部。

內政部戶政司（2005）。<u>台閩地區現在人口婚姻狀況</u>。內政部統計處。

王佩琳（1988）。<u>母親離婚後生活調適對其學齡子女自我概念影響之研究</u>。文化大學兒童福利研究所碩士論文。

王孟倫（2006）。95 年促進就業政策與相關措施。<u>自由時報</u>，2006.02.16 C2 版。

王保進（2002）。<u>視窗版 SPSS 與行為科學研究</u>。台北市：心理。

王保進（2004）。<u>多變量分析：套裝程式與資料分析</u>。台北市：王保進出版。

王菁菁（2005）。<u>以工作福利理念檢視以工代賑方案執行之效果──以嘉義縣為例</u>。中正大學社會福利研究所碩士論文。

台北市政府（2003）。<u>北市推動福利社區化互動方案成果彙編</u>。台北市政府社會局。

台北市政府（2005）。<u>台北市統計摘要</u>。台北市政府主計處。

石泱（2003）。從失業保險到就業保險：我國就業保險政策之評估。<u>理論與政策</u>，17（2），107-130。

石泱（2004）。<u>我國就業保險政策執行成效評估之研究</u>。國立台北大學公共行政暨政策學系博士論文。

伊慶春、簡文吟（2001）。已婚婦女的持續就業：家庭制度與勞動市場妥協。<u>台灣社會學</u>，1，1489-182。

成之約（2005）。部分時間工作發展及其影響之探討。<u>國政研究報告，社會（研）094-016 號</u>。財團法人國家政策研究基金會。

成器（2005）。達立婦女的新希望。<u>救助月刊，11 月號</u>，5-6。中華基督教救助協會。

朱慶龍（2003）。五大人格特質、工作價值和工作滿意三者相互關係之研究。
　　國立政治大學心理研究所碩士論文。

行政院主計處（2004）。台灣地區婦女婚育與就業調查報告。

行政院主計處（2005）。93 年台灣地區人力運用調查統計結果摘要分析。

行政院經濟建設委員會（2005）。「職業能力再提升方案」第二期計畫
　　（2005-2007 年）。

行政院輔導委員會（2004）。測量飛雁展翅的高度與速度——飛雁學員創業進
　　度追蹤調查研究。行政院輔導委員會年報，19-21。

何鴻榮（1995）。「行政重組的成因和原則之解析——兼論行政院組織法修正
　　的動力和應有的方向」。收錄於林水波（編）之公共組織理論：問題分析
　　與改革策略。台北：華城電腦有限公司，頁 123-161。

余源情（2004）。服務業訓練評鑑實施層次的影響因素。國立中正大學勞工研
　　究所碩士論文。

吳佩瑩（2005）。新貧問題與社會救助政策的改革。國立中正大學社會福利研
　　究所碩士論文。

呂玉瑕（2001）。性別、家庭經濟：分析小型家庭企業老闆娘的地位。台灣社
　　會學，2，163-217。

呂寶靜（1979）。台北市離婚婦女離婚後社會調適之研究。國立台灣大學社會
　　學研究所碩士論文。

巫懿真（2005）。府城低收入單親女性與工作貧窮——勞動政策與社會安全之
　　檢視。國立中正大學社會福利研究所碩士論文。

李正良（2005）。我國勞工退休金相關法制之研究。國立中正大學勞工研究所
　　碩士論文。

李芳齡譯（2002）。績效躍進——才能評鑑法的極致運用（Dubois, D.D.原著）。
　　台北：商周。

李章順（1998）。開辦失業保險對勞動市場的影響。勞工之友，570，17-19。

李隆盛（2000）。克伯屈評鑑模式。人力培訓專刊，7-8。

李詩暳（2004）。台灣地區女性單親家庭經濟風險與社會安全保障之研究。國
　　立中正大學社會福利系碩士論文。

李誠（2005）。從充分就業訓練到優質就業。天下遠見出版社。

李誠、辛炳隆（2005）。強化我國職訓體系之研究。行政院經濟建設委員會委託。財團法人台北市知識經濟與管理研究教育基金會。

李碧涵（2005）。「福利國家向右走：工作福利國家的創新性改革」彙編於 2005 年年會暨「社會暨健康政策的變動與創新趨勢：邁向多元、整合的福利體制」國際學術研討會論文。台灣社會福利學會。

辛炳隆（2000）。「我國就業安全政策之評析」。2000 年 12 月 6 日大葉大學工業關係學系之「工業關係管理本質與趨勢學術研討會」論文。

辛炳隆（2005）。我國中央與地方政府對於就業服務之功能劃分。就業安全半年刊，7 月號，4（1），13-18。

辛炳隆、吳秀玲（2002）。對當前台灣失業問題之因應對策。行政院研究發展考核委員會。

周佩潔（2003）。新貧冰暴：家中主要生計者失業對青少年子女影響之初探。台大社會工作學系研究所碩士論文。

林于樟（2005）。後工業工作的結構轉型與家庭的性別關係重組。國立中正大學社會福利研究所碩士論文。

林秀芬（2002）。絕處逢生——探討九二一地震喪偶女性單親災變後之社會支持過程。國立台灣大學社會學研究所碩士論文。

林怡君（2004）。新經濟體系下台灣女性勞動者經濟安全保障之研究——以退休金制度為例。國立中正大學社會福利研究所碩士論文。

林哲煜（2004）。新世代員工面臨不同組織氣候下，工作價值對組織承諾之探討。中國文化大學國際企業管理研究所碩士論文。

林淑慧（2005）。全球化弱勢婦女就業的另一扇窗口——婦女微型企業的崛起。2005 年中台灣人力資源研討會論文。

林貴芳（2005）。「國內中小企業發展與政府輔導措施」。女性中小型及微型企業在地觀點與國際趨勢研討會 2005 年 12 月 12 日-12 月 13 日。圓桌會議顧問有限公司執行。

林萬億、秦文力（1992）。台北市單親家庭問題及因應策略之研究。台北市政府發展考核委員會委託研究。

柯木興（2000）。<u>社會保險</u>。台北：中國社會保險學會。

洪麗芬（1993）。<u>低收入戶女性單親的生活適應之研究──以台北市低收入戶
　　為例</u>。東吳大學社會工作研究所碩士論文。

夏青雲（2004）。<u>台北市九十三年就業市場供需預測調查</u>。台北市政府勞工局
　　就業服務中心委託調查報告。

徐良熙、林忠正（1984）。家庭結構與社會變遷：中美單親家庭之比較。<u>中國
　　社會學刊</u>，8，1-22。

徐良熙、張英陣（1987）。台灣的單親家庭問題與展望。<u>中國社會學刊</u>，8，
　　121-153。

徐淑敏（2005）。<u>多元就業開發方案促進失業婦女之充權模式與充權障礙之探
　　討</u>。大業大學人力資源暨公共關係學系碩士專班。

耿靜宜（1998）。<u>非自願性與自願性失業者尋職行為之比較──以台北地區為
　　例</u>。國立中央大學人力資源管理研究所碩士論文。

袁方（2002）。<u>社會研究法</u>。台北市：五南。

財團法人婦女權益促進發展基金會（2005）。<u>女性中小型及微型企業在地觀點
　　與國際趨勢研討會</u> 2005 年 12 月 12 日-12 月 13 日。圓桌會議顧問有限公
　　司執行。

張志銘、張英陣（2003）。<u>失業勞工就業保障與社會福利制度銜接之研究</u>。行
　　政院經濟建設委員會委託。財團法人義和公益文教基金會受託。

張思綺（2004）。<u>工作價值與工作績效關係之研究</u>。國立中央大學人力資源管
　　理研究所碩士論文。

張晉芬、李奕慧（2001）。台灣中高齡離職者的勞動參與和再就業：對台汽與
　　中石化的事件史分析。<u>台灣社會學</u>，1，113-147。

張清富（1998）。單親家庭經濟扶助之研究。內政部八十六年度研究報告。

張清富、薛承泰、周月清（1995）。<u>單親家庭現況及因應對策之探討</u>。行政院
　　研究考核委員會。

張紹勳、林秀娟（1995）。<u>SPSS for Windows 統計分析：初等統計與高等統計</u>。
　　台北市：松崗。

張瑞娥（2004）。<u>知識經濟時代在職訓練課程之研究──一般性訓練 V.S.專門</u>

性訓練。國立中正勞工研究所碩士論文。

張福翔（2005）。失業勞工請領失業給付期間工作價值及求職行為特性之研究。國立中正大學勞工所碩士論文。

張錦麗（2001）。單親婦女之困境與需求。台灣單親家庭之現況與政策研討會，28-30。國家政策研究基金會。

張齡友（1994）。父權體制下女性單親家庭致貧凶素之探討。國立中正大學社會福利研究所碩士論文。

莊慧玲、徐美（2002）。失業經驗與其特徵對再就業之影響——兼論失業給付之效果。http://140.109.196.10/pages/seminar/sp2002/H1-27.doc。

許迪翔（2002）。不同世代之工作價值觀、工作態度及其關聯性之研究——以台灣高科技產業之員工為例。中原大學企業管理研究所碩士論文。

許雅惠（2001）。社會救助新契約——英國福利政策改革經驗與省思。社會發展季刊，95，164-180。

陳志豐（2004）。就業安全體制下我國失業保險法制之研究。國立暨南大學公共行政與政策研究所碩士論文。

陳威嘉（2004）。領取失業給付者特質及其工作異動特性。國立中正勞工研究所碩士論文。

陳建甫（1996）。台灣相對貧窮家戶的現況與變遷。社區發展季刊，75，95-116。

陳美璇（2005）。1986 至 2003 年台灣貧戶率的變遷趨勢。國立中正大學社會福利研究所碩士論文。

陳琇惠（2005）。「台灣就業保險制度——以女性就業需求評之」彙編於 2005 年「社會暨健康政策的變動與創新趨勢：邁向多元、整合的福利體制」國際學術研討會論文。台灣社會福利學會。

勞工保險局（2004）。勞工保險統計年報。

彭淑華（2003）。建構單親家庭支持系統之研究。內政部委託研究報告。

曾敏傑（2002）。就服機構評比與政府再造：因應失業保險的轄區重整。東吳社會學報，12，1-50。

曾敏傑（2003）。永續就業工程計畫執行成效評估計畫。行政院勞工委員會職業訓練局。

游玉卿（2001）。就業結構轉型下的女性就業趨勢論 1980-2000 年間台灣的勞動轉型與女性就業趨勢。「生活／社會新視界：理論與實踐的對話」學術研討會。輔大社會學系、國科會社會科學研究中心。

童小珠（1992）。台灣省女性單親家庭經濟困境之研究。國立中正大學社會福利研究所碩士論文。

黃仁德（1993）。台灣地區失業類型與結構失業的探討。勞動學報，3，115-132。

黃明月、彭淑華、沈慶盈（2003）。台北市社區發展協會現況調查研究。台北市政府社會局委託研究計畫。

黃奕嘉（2004）。台灣職業訓練資源配置與公共職業訓練方案的回應。國立中正勞工研究所碩士論文。

黃建忠、韓文瑞（2000）。台灣離婚與分居母親增加因素：經濟獨立假設的檢定。社會政策與社會工作學刊，4（1），45-76。

黃毅志（1992）。台灣地區教育對職業地位取得的影響之變遷。中央研究院民族學研究所集刊，74，125-162。

黃毅志（1998）。台灣地區新職業分類的建構與評估。調查研究：方法與應用，5，5-36

黃毅志（2003）。「台灣地區新職業聲望與社經地位量表」之建構與評估：社會科學與教育社會學研究本土化。教育研究集刊（師大），49（4），1-31

楊士賢（2003）。非典型工作者與全職工作者之工作價值比較研究。長榮大學經營管理研究所碩士論文。

楊文學（2005）。多元就業開發方案成果。勞動保障雙月刊，04，64-66。

楊敏玲（2005）。「強化女性經濟參與：開創女性微型企業的推動經驗」。女性中小型及微型企業在地觀點與國際趨勢研討會報告 2005 年 12 月 12 日-12 月 13 日。圓桌會議顧問有限公司執行。

梁憲初、冉永萍（1997）。社會保險。台北：五南圖書出版公司。

葉秀珍（2001）。台灣低度就業成因之變遷分析。「生活／社會新視界：理論與實踐的對話」學術研討會。輔大社會學系、國科會社會科學研究中心。

趙善如（1999）。「增強力量」觀點之社會工作實務要素與處遇策略。台大社會學刊，1，231-262。

劉文浩（2004）。台灣長期失業問題與就業政策之初探。國立中正勞工研究所碩士論文。

劉芳如（2005）。產業結構轉型與台灣勞動市場的內部分化：製造業與服務業部門的差異。國立中正大學社會福利研究所碩士論文。

劉美惠（2000）。台灣的單親家庭與其貧窮原因之探討。國立台灣大學社會學研究所碩士論文。

蔡漢賢（2000）。以工代賑，彙整於社會工作辭典，133。內政部社區發展雜誌社。

蔡憲唐、韋伯韜（2004）。人力低度運用衡量方法之研究。行政院主計處編印。

蔡錫濤（2000）。訓練評鑑的焦點與模式。人力資源發展月刊，156，1-12。

鄭惠修（1999）。台北市女單親家庭社會網絡與福利使用之研究。國立台灣大學社會學研究所碩士論文。

鄭麗珍（1999）。女性單親家庭的資產累積與世代傳遞過程。台大社會工作學刊，1，111-147。

蕭智中（2003）。台灣勞動結構內工作貧窮之現象與變遷 1979 至 2001。國立中正大學社會福利研究所碩士論文。

蕭智中（2005）。台北市政府社會局施政報告。Ha_robert@mail.taipei.gov.tw。

賴秀真（2005）。迎向職能新世紀。職涯快遞，17，34-37。

賴佩君（2003）。我國「永續就業希望工程」方案審議之評估研究。國立中正大學勞工研究所碩士論文。

薛承泰（1996）。台灣地區單親戶的數量、分佈與特性：以 1990 年普查為例。人口學刊，17，1-30。

謝宜容（2005）。資產累積之貧窮對策觀點——以台北市脫貧政策為例。台北市政府社會局第二科。

瞿宛文（1999）。婦女也是國民嗎？——談婦女在「國民所得」中的位置。收集於顧燕翎、鄭至慧主編之女性主義經典，178-187。台北市：女書文化。

闕淑嫻、鄭晉昌（2005）。工作價值觀量表制定——以 I 公司為例。http://www.ncu.edu.tw/~hr/new/conference/7th/pdf/

羅秀華（2001）。社區充權的行動研究——以木新永安組織經驗為例。台大社會工作學刊，5，151-191。

二、英文部分

Bassi, L. J., & Ludwig, l. (2000). School-to-work programs in the United States: A multi-firm case study of training, benefits, and costs. *Industrial & Labor Relations Review, 53(2)*, 219-239.

Barrett, A., & O'Connel, P.J. (2001). Does training generally work? The returns to in-company training. *Industrial & Labor Relations Review, 53(3)*, 647-662.

Booth, A.L., & Zoega, G. (2004). Is wage compression a necessary condition for firm-financed general training? *Oxford Economic Papers, January, vol.56,no.1*, 88-97.

Bassanini, A., & Giorgio, B. (2003). Is training more frequent when wage compression is higher? *Evidence from the European Community Household Panel, IZADP, 839*.

Bauman, Z. (1998). *Work, consumerism and new poor*. Open University Press.

Borzaga, C. , Olabe, A. & Greffe, X. (1999). *The third system employment and local development*. European Commission.

Boyatzis, R. E. & Skelly, F. (1990). The impact of changing values on organizational life. In Kolb, D. A., Rubin, I. M. & Osland, J. S.(eds.), *Organizational behavior: A book of readings* (5th edition), Englewood Cliffs, NJ: Prentice-Hall.

Brett, J. M. (1982). Job transfer and wellbeing. *Journal of Applied Psychology, 67,*450-463.

CEC(2000). *Employment in European 2000.* Luxembourg: Office for Official Publication of the European communities.

Clogg, C. C. $ Sullivan, T. A. (1983). Labor force composition and underemployment trend, 1969-1980. *Social Indicators Research, 12,*117-152.

Chang, Wen-Ya & Lai, Ching-Chong. (1999). Efficiency wages and the balanced budget theorem. *Atlantic Economic Journal, 27(3)*, 314-324.

Cruikshank, Barbara. (1999). *The will to empower: Democratic citizens and other subjects*. Ithaca: Cornell University Press.

Downs, Anthony. (1967). *Inside bureaucracy.* Boston: Scott, Foresman and company.

England, G. W. (1991). The meaning of working in the USA: recent changes. *European Work and Organizational Psychologist, 1,*111-124.

England, G. W., & Harpaz, I. (1990). How working is defined? National contexts and demographic and organizational role influences. *Journal of Organizational Behavior, 11,*253-266.

EUB: European employment strategy-4 pillars. http://europa.eu.int/comm /.employment_social/empl&esf/pilar_en.htm

EURO(1997). *Job creation and the quality of working life: A preliminary study from six member states*. Dublin：European foundation for the improvement of living and working conditions.

Fredriksson, P. & Holmlund, B. (2001). Optimal unemployment insurance in search equilibrium. *Journal of Labor Economics, 19(2),* 370-399.

Gallie, D. & Paugam, S. (2000). The experience of unemployment in Europe: The debate. In D. Gallie and S. Paugam (eds.). *Welfare regimes and the experience of unemployment in Europe*,1-22. Oxford: Oxford University Press.

Goldberg,Gertrude Schaffner & Kremen,Eleanor(Eds.). (1990). *The feminization of poverty: Discovered in America*. New York: Praeger Publishers.

Gronau, R. (1971). Information and frictional unemployment. *American Economic Review, June 61,*290-301.

Guti'errez, L. (1990). Working with women of color: An empowerment perspective. *Social Work, 35(2),*149-154.

Hamermesh, D. S. (1992). Unemployment insurance for developing countries. *World Bank.*

Hauser, P. M. (1974). The measurement of labor utilization. *Malayan Economic Review, 19*, 1-17.

Harrington, Michael.(1998). *The new American poverty*. New York: Holt, Rinehart, and Winston.

Isralowitz, R. E., Singer, M. (1986). Unemployment and impact of adolescent work theory and research. In S. D. Brown & R. W. Lent (Eds.), *Handbook of counseling psychology, 178-215*. New York: Wiley.

Johnson, M. K. (2002). Social origins, adolescent experiences, and work values trajectories during the transition to adulthood. *Social Forces, 80,*1307-1341.

Jordan, B. (1996). *A thory of poverty and social exclusion.* Cambridge: Polity Press.

Karger, Howard J. & Midgley, James. (1994). *Controversial issues in social policy.* Boston: Allyn and Bacon.

Karni, E. (1999). Optimal unemployment insurance: A survey. *Southern Economic Journal, 66(2),*442-465.

Kasper, H. (1967). The asking price of labor and the duration of unemployment. *Review of Economics and Statistic, 49(2),*165-172.

Kiefer, N. M. (1988). Employment contracts, job search theory, and labour turnover: Preliminary empirical results. *Journal of Applied Econometrics, 3*,169-186.

Kinnane, D. & Gaubinger, M. (1963). *The kurd and kurdistan*. New York: Oxford University Press.

Kirkpatrick, D. L. (1998). Great idear revisited. In D. L. Kirkpatrick(Ed.). *Another look at evaluation training programs* (pp.3-8). Alexandria, VA: ASTD.

Krau, E. (1983). The attitudes toward work in career transitions. *Journal of Vocational Behavior,23*,270-285.

Lee, Judith A. (1994). *The empowerment approach to social work practice*. New York: Columbia University Press.

Lin, J. P. (2001). *An introuduction to labor migration*. Use in class.

Loughlin, C., & Barling, J. (2001). Young workers' work values, attitudes, and behaviours. *Journal of Occupational and Organizational Psychology,74*,543-558.

Lødemel, I. & Trickey, H. (2001). A new contract for social assistance. In Lødemel & Trickey(2001)(ed.) *An offer you can't refuse: workfare in international perspective.1-40.* Bristol: Policy Press.

Machin, S. and Manning, A. (1998). *The causes and consequences of long-term unemployment in Europe*. London school of economics-centre for economic performance.

Mayo, Marjorie & Gary Craig. (1995). Community participation and empowerment: The human face of structural adjustment or tools for democratice transformation? In *Community Empowerment: A reader in participation and development*, pp.1-11. London: ZED Books.

McCall, J. J. (1965). The economics of information and optimal stopping rules. *Economic Inquiry,14(3)*,347-368.

Meager, N. and Evans, C. (1997). *The evaluation of active labour market measures for the long-term unemployed*. Geneva: ILO.

Millar, J. (1988). *The cost of marital breakdown. In Walker, R. and Parker, G (Eds.). Money matter: Income, wealth and financial welfare.* London: Sage.

Moffitt, R. & Nicholson. (1982). The effect of unemployment insurance on unemployment: the case of supplemental benefits. *The Review of Economics and Statistics, 64(1)*, 1-11.

Morel, S. (1998). American workfare versus French insertion policies: an application of common's theoretical framework'. *Paper presented at Annual Research Conference of the Association for Public Policy and Management,*

October, 29-31.New York.

Mortensen, D. T. (1977). Unemployment insurance and job search decisions. *Industrial and Lobor Review, 30(4)*, 505-517.

MOW International Research Team. (1987). *The meaning of working*. London: Academic Press.

Nicholson, N. (1984). A theory of work role transition. *Adminstrative Science Quarterly,29*, 172-191.

Nod, W. R., Brief, A. P., Atich, J. M. & Doherty, E. M. (1988). Work values and the conduct of organizational behavior. In ferris, G. R. and Rowlan(eds.). *Research in personal and human resources management, 10, 1-42*. Greenwich, CT: JAI Press.

OECD(1993). *Employment outlook*. Paris: OECD.

OECD(2002). *Employment outlook*. Paris: OECD.

Parsons, R. J. (1991). Empowerment：Purpose and practice in social work. *Social Work with Group, 14(2)*, 27-43.

Pernecky, M. (1994). A flexible-wage efficiency-wage model with involuntary unemployment. *Eastern Economic Journal,20(4)*, 403-412.

Rank, Mark. R. (1994). *Living on the Edge：The realities of welfare in America*. New York：Columbia University Press.

Rejda, G. E. (1999). *Social insurance and economic security*. Prentice-Hall, Inc.

Rokeach, M. (1973). *The nature of hunman values*. New York: Macmillan.

Room, G. (1991). *New poverty' in the European Community*. New York: St. Martin's Press.

Schiller, Bradley R. (1989). *The economic of poverty and discrimination*, Englewood Cliffs, CA: Prentice-Hall.

Sherraden, Michael W. (1991). *Assets and poors: A new American welfare policy*. New York: M. E. Sharpe.

Standing, G. (1990). The road to workfare-alternative to threat to occupation. *International Labour Review, 129(6)*, 677-691.

Staples, L. H. (1990). Powerful ideas about empowerment. *Administration in Social Work, 14(2)*, 29-42.

Van der Velde, M. E. G, Feij, J. A. & Van Emmerik, H. (1998). Change in work values and norms among dutch young adults: Ageing or societal trends? *International Journal of Behavioral Development, 22*, 55-76.

Walsh, K. (1987). *Long-term unemployment: an international perspectiv*e . London: The Macmillan Press.

Wanous, J. P. (1992). *Organization entry: recruitment selection, orientation and socialization of newcomers*. (2nd $^{ed.}$) reading, MA: Addison-Wesley.

West, M., Nicholson, N. & Arnold, J. (1987). Identity changes as outcomes of work-role transitions. In T. Honess & K. Yardley(Eds.), *Self and Identity: perspectives across the life span*, 287-303. London: Routledge.

Wijnberg, M. H., & Weinger, S. (1997). Marginalization and single mother: A comparison of two studies. *Affilla,12(2)*, 197-214.

Zaretsky, A. M. & Coughlin, C. C. (1995). An introduction to the theory and estimation of a job-search model. *Review-Federal Reserve Bank of St. Louis, 77(1)*, 53-65.

附錄一　台北市女性單親服務輸送整合架構

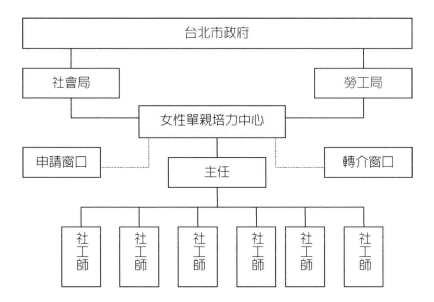

附錄二　台北市政府就業培力中心服務流程

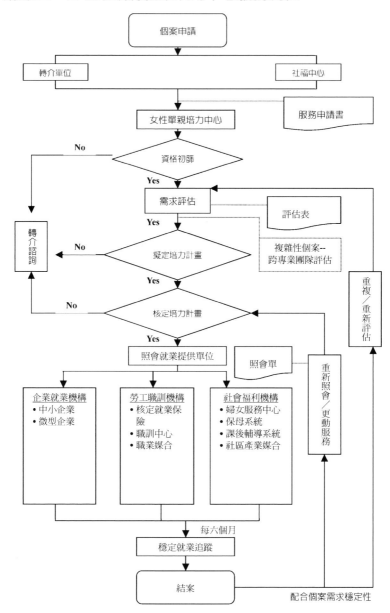

附錄三　研究概念圖

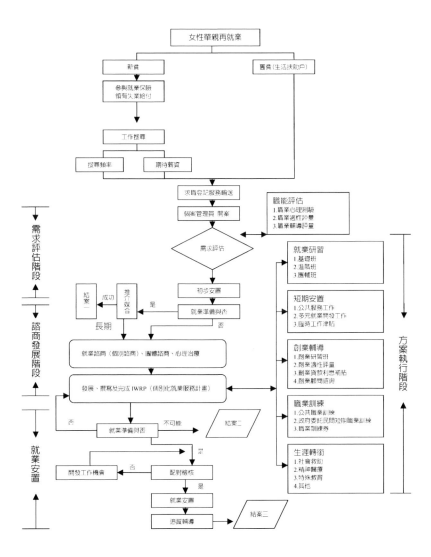

附錄四　社會變遷調查新職業分類（黃毅志，1992，1998，2003）

民意代表、行政主管、企業主管及經理人員，專業人員為 5
技術員及助理專業人員為 4
事務工作人員為 3
技術工及有關工作人員，機械設備操作工及組裝工，服務人員
及售貨員為 2
非技術工及體力工，與農、林、漁、牧工作人員為 1

職業類別	五等社經地位
1.民意代表、行政主管、企業主管及經理人員 　雇主與總經理、主管、校長、民意代表 2.專業人員 　大專教師與研究人員、中小學（學前特教）教師、醫師、法律專業人員（屬高層專業人員）、語文、文物管理、藝術、娛樂、宗教專業人員（屬藝文專業人員）、藥師、護士、助產士、護理師（屬醫療專業人員）、會計師及商學專業人員、工程師	五
3.技術員及助理專業人員 　助教、研究助理、補習班、訓練班教師（屬教育學術半專業人員）、法律、行政半專業助理、社工員、輔導員、宗教半專業人員、藝術、娛樂半專業人員醫療、農業生物技術員、運動半專業人員（屬生物醫療半專業人員）、會計、計算半專業助理、商業半專業服務人員、工程、航空、航海技術員、辦公室監督	四
4.事務工作人員 　辦公室事務性工作、顧客服務事務性工作、旅運服務生、會計事務、出納事務	三
5.服務工作人員及售貨員 　餐飲服務生、家事管理員、廚師、理容整潔、個人照顧、保安工作、商店售貨、固定攤販與市場售貨 6.技術工及有關工作人員 　營建採礦技術工、金屬機械技術工、其他技術工	二

7.機械設備操作工及組裝工 　車輛駕駛及移運、農機械操作半技術工、工業操作半技術工、 　組裝半技術工	
8.農、林、漁、牧工作人員 　農林牧工作人員、漁民	
9.非技術工及體力工 　工友、小妹、看管、售貨小販、清潔工、生產體力非技術工、 　搬送技術工	－

附錄五　就業問卷量表

> 　　親愛的朋友：大家好！
>
> 　　這份量表主要想要了解女性單親就業意願與政府在就業服務過程中是否有更好的服務模式。且量表是以不記名方式進行填寫，內容僅作為研究分析之用。請各位朋友踴躍表示自己的經驗與意見，謝謝！
>
> 　　並請於接到問卷後一星期內　寄回台北市大直街 70 號實踐大學社工系　黃秀香收
>
> 　　　　東海大學社會工作學系博士班指導教授　曾華源
>
> 　　　　　　　　　　　學生　黃秀香　敬上
>
> 2006.3.13

一、基本資料

（一）個人因子

1. **請問您的出生年月：_____年_____月。**

2. **請問您的教育程度：**

　　□(1)國中含以下□(2)高中高職□(3)專科□(4)大學
　　□(5)研究所。

3. **請問您每月收入：**

　　□(1)一萬元以下　　　　　□(2)一萬元至一萬五千元以下
　　□(3)一萬五千元至二萬元以下□(4)二萬元至二萬五千元以下
　　□(5)二萬五千元至三萬元以下□(6)三萬元至三萬五千元以下

□(7)三萬五千元至四萬元以下□(8)四萬元至四萬五千元以下

□(9)四萬五千元至五萬元以下□(10)五萬元以上。

4. 請問您的住屋是：

　　□(1)自己的□(2)借住的□(3)租的。

（二）環境因子

1. 請問您在失業前行業：

　　□(1)農業（含農業、林業、漁業、牧業）

　　□(2)工業（含礦業、製造業、水電燃氣業、營造業）

　　□(3)服務業（含批發零售、住宿餐飲、運輸倉儲、金融保險、
　　　　其他服務業）

　　□(4)其他＿＿＿＿＿＿＿＿。

2. 請問您在失業前職業：

　　□(1)管理人員　　　　　　□(2)專業人員（含工程師）

　　□(3)助理（半）專業人員（含技術員）

　　□(4)事務工作人員　　　　□(5)服務工作員及售貨員

　　□(6)農林漁牧工作人員　　□(7)技術工

　　□(8)機械設備操作及組裝工

　　□(9)非技術工　　　　　　□(10)其他＿＿＿＿＿。

二、問題部分

（一）就業保險

1. 您工作期間是否曾參加就業保險？□(1)有　　□(2)沒有。

2. **在失業期間您是否有領失業給付？**

　□(1)無領失業給付　□(2)已領一個月　□(3)已領二個月
　□(4)已領三個月　　□(5)已領四個月　□(6)已領五個月
　□(7)已領六個月。

3. **請問您再度就業時是否曾領提前就業獎助津貼：**

　□(1)有領　□(2)未領。

4. **您失業期間參加職業訓練是否曾領取職業訓練生活津貼？**

　□(1)未領　　　□(2)已領一個月　□(3)已領二個月
　□(4)已領三個　□(5)已領四個月　□(6)已領五個月
　□(7)已領六個月。

5. **您失業期間是否有領取全民健康保險費補助？**

　□(1)未領　　　□(2)已領一個月　□(3)已領二個月
　□(4)已領三個月　□(5)已領四個月　□(6)已領五個月
　□(7)已領六個月。

（二）失業因子

1. **請問您的失業原因是：**

　□(1)自願性離職　□(2)非自願性離職（被資遣或解僱）。

2. **請問您的失業類型是下列哪種情況？**

　□(1)景氣性失業，大環境所造成而導致被資遣或解僱。
　□(2)不會使用電腦而被排斥。
　□(3)轉業不成功，如製造業轉到服務業等。
　□(4)季節性失業如農業配合春耕、夏耘、秋收、冬藏等的失業。

□(5)無法與自己的專長能力、學歷、興趣等相配合。

□(6)經濟結構改變導致某些行業失業現象。

□(7)家務繁忙無法就業。

□(8)健康不良無法就業。

3. **請問您的失業最長時間是：**

□(1)一至三個月以下　□(2)三至六個月以下

□(3)六至九個月以下　□(4)九個月至一年以下

□(5)一年以上。

（三）意願與培力

1. **您曾經參加就業前的職業訓練嗎？**□(1)有　□(2)沒有。

第 1 題選擇(1)者請填寫 2、3 兩題

2. **有參加職業訓練的原因是**□(1)自願參加 □(2)被機構選派的。

3. **您認為參加職業訓練好處有**（可複選 2 個答案）

　　□(1)可增加專業技能　　□(2)可增加升等機會

　　□(3)可增加薪資　　　　□(4)可增加轉業機會。

第 1 題選擇(2)者請填寫 4、5 兩題

4. **沒有參加職業訓練的原因是**

　　□(1)不願參加　　　　□(2)對職業訓練資訊不知道

　　□(3)無合適訓練項目。

5. **您認為不參加職業訓練是職訓不能**

　　□(1)增加專業技能　　□(2)增加升等機會　　□(3)增加薪資

　　□(4)增加轉業機會。

---

6. 您是否再就業前做過就業諮商工作？ □(1)有　　□(2)沒有。

第 6 題選擇(1)者請填寫 7 題

7. 參加就業諮商的目的在於了解

　　□(1)就業心理準備狀況　　□(2)個人性向能力

　　□(3)職業適應性　　　　　□(4)就業市場求才需求

　　□(5)參加職業訓練種類資格。

第 6 題選擇(2)者請填寫 8 題

8. 您不參加再就業前就業諮商是認為

　　□(1)有工作就好　　　□(2)沒工作也沒關係

　　□(3)沒有必要參加　　□(4)不知道有就業諮商服務。

---

9. 請問您就業能力應具備下列何種條件？（可依序複選 4 個答案）

　　□(1)專業知識　□(2)專業技術　□(3)天賦　　　□(4)個人努力

　　□(5)工作價值　□(6)工作態度　□(7)工作時間長短

　　□(8)人際互動　□(9)情緒穩定。

10. 您認為就業能力是靠下列何種教育方式？（可依序複選 2 個答案）

　　□(1)學校正規教育　　　　□(2)職訓局專業課程訓練

　　□(3)社區大學職業訓練　　□(4)企業機構自行辦理職業訓練

　　□(5)政府委託民間機構辦理的職業訓練。

（四）生活來源

※生活來源部分是想了解您對實際生活經濟來源，請您仔細讀每一題
　所提情形，您認為下列五項「從未」「偶爾」「有時」「常常」「總是」，

哪一項的「□」中打∨，如您是「總是」，就在「總是」的「□」中
打∨，謝謝您的合作！

	從未	偶爾	有時	常常	總是
	0	1	2	3	4
1. 您的經濟來源是由親友支持	□	□	□	□	□
2. 您的經濟來源是由儲蓄及利息	□	□	□	□	□
3. 您的經濟來源是投資賺取利潤	□	□	□	□	□
4. 您的經濟來源是撫恤金	□	□	□	□	□
5. 您的經濟來源是低收入戶生活扶助	□	□	□	□	□
6. 您的經濟來源是特殊境遇婦女家庭扶助	□	□	□	□	□
7. 您的經濟來源是自己固定就業收入	□	□	□	□	□
8. 您的經濟來源是贍養費	□	□	□	□	□
9. 您的經濟來源是子女就業所得	□	□	□	□	□
10. 您的經濟來源是資源回收的收入	□	□	□	□	□
11. 您的經濟來源是以工代賑收入	□	□	□	□	□
12. 您的經濟來源是鄰里及社會人士捐助	□	□	□	□	□

13. 您的經濟來源是由其他部分支持

_____（請說明） ------------ □ □ □ □ □

（五）職業媒合

1. 請問您的尋職頻率？

　　□(1)每月二次至就業服務站登記
　　□(2)每年一次至就業服務站登記
　　□(3)每年二次至就業服務站登記
　　□(4)每年三次至就業服務站登記

　　□(5)每年四次至就業服務站登記。

2. **請問您的就業安置經驗多長？**

　　□(1)一個月至二個月以下　　□(2)二個月至三個月以下
　　□(3)三個月至四個月以下　　□(4)四個月至五個月以下
　　□(5)五個月至六個月以下　　□(6)六個月以上。

3. **請問您曾參加下列民間機構何種職業訓練課程？（依序複選）**

　　□(1)保母訓練　　　　　　　□(2)電腦基礎與應用訓練
　　□(3)語文訓練　　　　　　　□(4)文藝訓練
　　□(5)科學專業訓練　　　　　□(6)縫紉訓練
　　□(7)秘書專業訓練　　　　　□(8)保險行銷訓練
　　□(9)售貨行銷訓練　　　　　□(10)餐飲專業技術訓練
　　□(11)導遊觀光訓練　　　　　□(12)小吃班訓練課程
　　□(13)飲料調製班訓練　　　　□(14)中西餐烹調丙級證照訓練
　　□(15)烘焙丙級證照訓練　　　□(16)生機餐飲訓練課程
　　□(17)素食烹調訓練　　　　　□(18)女子美容美體證照訓練
　　□(19)美髮養成訓練　　　　　□(20)美工廣告設計班訓練
　　□(21)美容養成紓壓訓練　　　□(22)家事管理員訓練
　　□(23)冷凍空調丙級證照訓練　□(24)平面媒體設計班訓練
　　□(25)電腦化會計實務訓練　　□(26)電腦軟體實務應用訓練
　　□(27)網頁設計班訓練　　　　□(28)其他＿＿＿＿＿＿＿＿＿。

4. **請問您在尋職時對薪資期待接受程度？**

　　□(1)比失業前薪資高　　　　□(2)比失業前薪資低
　　□(3)與失業前薪資相同　　　□(4)無期待。

5. **請問您參加職業訓練後對薪資的期待程度？**

　　□(1)比未參訓前薪資高　　□(2)與未參訓前薪資相同

　　□(3)與未參訓前薪資低　　□(4)無期待。

6. **請問您對新工作內容接受度？**

　　□(1)要與失業前相同　　□(2)要與失業前不同

　　□(3)只要有工作就好。

7. **請問您通常的尋職方式是下列何種方式？**

※尋職方式是想了解您找工作方式，請您仔細讀每一題所提情形，您認為下列五項「從未」「偶爾」「有時」「常常」「總是」，哪一項的「□」中打∨，如您是「總是」，就在「總是」的「□」中打∨，謝謝您的合作！

	從未	偶爾	有時	常常	總是
	0	1	2	3	4
(1)看報章雜誌廣告方式	□	□	□	□	□
(2)親友介紹方式	□	□	□	□	□
(3)師長介紹方式	□	□	□	□	□
(4)上職業網路登記方式	□	□	□	□	□
(5)到就近的就業服務站登記	□	□	□	□	□
(6)參加企業界求才活動登記的	□	□	□	□	□

(六)就業服務輸送機制

1. **您認為下列何種方式最符合您再就業的協助？（可複選，依順序填 3 個答案）**

　　□(1)設立女性單親就業服務中心

　　□(2)離家近的公立就業服務站

　　□(3)離家近的民間訓練機構

　　□(4)離家近的社區服務中心

　　□(5)離家近的企業訓練中心

　　□(6)各行政區所設的婦女服務中心

　　□(7)各區公所民政課附設就業服務項目。

2. **您認為下列何種方式對您能早日進入職場？（可複選 2 個答案）**

　　□(1)就業登記機構設有就業諮商服務協助

　　□(2)就業登記機構設有就業個案管理員協助

　　□(3)就業登記機構設有義工協助

　　□(4)就業登記機構設有全程就業電腦配對設備

　　□(5)就業登記機構設有求才企業機構即時面談項目。

3. **您認為下列時間完成再就業手續最適合？**

　　□(1)一日　　□(2)三日　　□(3)一星期　　□(4)二星期

　　□(5)一個月　　□(6)其他＿＿＿＿＿＿＿（請說明）。

4. **您認為下列等待就業時間最恰當？**

　　□(1)一星期　　□(2)二星期　　□(3)三星期　　□(4)一個月

　　□(5)二個月　　□(6)其他＿＿＿＿＿＿＿（請說明）。

5. **您認為下列何種條件最符合創業方式？（可複選 2 個答案）**

　　□(1)有特殊專業技術　　□(2)有足夠資金

　　□(3)可貸款且利率低　　□(4)有改變傳統產業之創新能力

　　□(5)有諮詢創業團隊指導。

6. **請您對下列問題提出您的經驗與同意程度？**

※經驗與同意程度是想了解您對求職經驗過程與看法，請您仔細讀
　每一題所提情形，您認為下列經驗中「是」「否」，及同意程度「非
　常不同意」「不同意」「普通」「同意」「非常同意」，哪一項的「□」
　中打∨，如您的經驗「是」及「同意」，就在「是」及「同意」
　的「□」中打∨，謝謝您的合作！

		經驗		同意程度				
		是	否	非常不同意	不同意	普通	同意	非常同意
1	到就業服務站求職登記登記表簡單明瞭	□	□	□	□	□	□	□
2	遇有就業職缺與自己教育程度合適就有工作機會	□	□	□	□	□	□	□
3	薪資低原因是無全時工作	□	□	□	□	□	□	□
4	目前沒有工作是復職困難	□	□	□	□	□	□	□
5	有尋職但無工作機會	□	□	□	□	□	□	□
6	有就業保險不必急著找工作	□	□	□	□	□	□	□
7	一年以上之失業時間後不想再找工作	□	□	□	□	□	□	□
8	有政府生活補助津貼不必找工作	□	□	□	□	□	□	□
9	工作薪資低且不穩定而不願去工作	□	□	□	□	□	□	□
10	採部分時間工作可幫助收入並兼顧家庭	□	□	□	□	□	□	□
11	參加政府低率貸款創業最適合提高就業機會	□	□	□	□	□	□	□
12	參加職業訓練對您的找工作有幫助	□	□	□	□	□	□	□

（七）工作價值

1. **您認為下列就業工作的價值最符合自己的想法？（可複選 3 個
　　答案）**

　　□(1)學習成長　　□(2)自我實現　　□(3)生活有尊嚴

□(4)可獲得良好的社會互動

□(5)可獲得安全保障及經濟報酬　　□(6)免於生活焦慮

□(7)是一種休閒娛樂。

2. 請填寫下列工作價值的重要性？

※工作價值重要性部分是了解您對工作價值的看法，請您仔細讀每一題所提情形，您認為「非常不同意」「不同意」「普通」「同意」「非常同意」，哪一項的「□」中打∨，如您覺得「同意」，就在「同意」的「□」中打∨，謝謝您的合作！

	工作價值影響因素	同意程度				
		非常不重要 1	不重要 2	普通 3	重要 4	非常重要 5
1.	**學習成長取向** 能在工作中不斷獲得新知識和技術	□	□	□	□	□
2.	在工作中能有充分的進修機會	□	□	□	□	□
3.	能在工作中開創自己的工作生涯	□	□	□	□	□
4.	能在工作中突破障礙	□	□	□	□	□
5.	能在工作中獲得升遷的機會	□	□	□	□	□
6.	**自我實現取向** 工作能學以致用	□	□	□	□	□
7.	從事符合自己興趣的工作	□	□	□	□	□
8.	在工作中能實現自己的人生理想	□	□	□	□	□
9.	在工作中能達成自己的工作目標	□	□	□	□	□
10.	經由工作而提昇自己的生活品質	□	□	□	□	□
11.	能為社會做些有意義的工作	□	□	□	□	□
12.	**尊嚴取向** 能在工作中獲得解決問題的能力	□	□	□	□	□

13.	能在工作中獲得自信與別人的肯定	☐	☐	☐	☐	☐
14.	工作時能獲得別人的尊重	☐	☐	☐	☐	☐
15.	工作時能對團體發揮影響力	☐	☐	☐	☐	☐
16.	從事的工作能獲得家人的支持	☐	☐	☐	☐	☐
17.	社會互動取向 同事間能相互照顧彼此關懷	☐	☐	☐	☐	☐
18.	同事間能愉快完成一件事	☐	☐	☐	☐	☐
19.	工作時上司能尊重自己的意見	☐	☐	☐	☐	☐
20.	因工作表現良好受到賞識和讚許	☐	☐	☐	☐	☐
21.	同事間不會因個人利益而勾心鬥角	☐	☐	☐	☐	☐
22.	組織安全與經濟取向 能從事有保障的工作	☐	☐	☐	☐	☐
23.	能在工作中獲得公平待遇	☐	☐	☐	☐	☐
24.	公司的薪資與績效獎金分配合理	☐	☐	☐	☐	☐
25.	符合勞動基準退休資格者能獲得公司發放退休金	☐	☐	☐	☐	☐
26.	能避免具有危險性及高度危險的工作	☐	☐	☐	☐	☐
27.	安定免於焦慮與休閒 工作時間能充分配合生活作息	☐	☐	☐	☐	☐
28.	工作時不必經常加班	☐	☐	☐	☐	☐
29.	工作時不會對未來的前途感到恐懼	☐	☐	☐	☐	☐
30.	能有較長時間從事戶外休閒活動	☐	☐	☐	☐	☐
31.	工作時間彈性較大能安排自己的生活	☐	☐	☐	☐	☐

附錄六　女性單親就業問卷量表草稿專家效度考驗

> 　　請老師在審查完問卷題目後，於專家意見欄中勾選。如需要修改，也請老師於修改意見欄中提出寶貴意見，俾利問卷的研修，以使本問卷趨於完善，感謝教授指導，謝謝！

第一部分　個人背景資料調查表

題目	專家意見			
	保留	修改	刪除	修正意見
一、基本資料				
(一) 個人因子				
1. 您的出生年月_____年_____月				
2. 您的教育程度 　　□(1)國中含以下　　□(2)高中高職 　　□(3)專科　　　　□(4)大學　□(5)研究所				
3. 您的每月收入 　　(1)一萬元以下 　　(2)一萬元至一萬五千元以下 　　(3)一萬五千元至二萬元以下 　　(4)二萬元至二萬五千元以下 　　(5)二萬五千元至三萬元以下 　　(6)三萬元至三萬五千元以下 　　(7)三萬五千元至四萬元以下 　　(8)四萬元至四萬五千元以下 　　(9)四萬五千元至五萬元以下 　　(10)五萬元以上				

(二) 環境因子 1. 您在失業前行業 　　□(1)農業（含農業、林業、漁業、牧業） 　　□(2)工業（含礦業、製造業、水電燃氣業、 　　　　 營造業） 　　□(3)服務業（含批發零售、住宿餐飲、運輸 　　　　 倉儲、金融保險、其他服務業） 　　□(4)其他＿＿＿＿＿＿＿＿				
2. 您在失業前職業 　　□(1)管理人員 　　□(2)專業人員（含工程師） 　　□(3)助理（半）專業人員（含技術員） 　　□(4)事務工作人員 　　□(5)服務工作員及售貨員 　　□(6)農林漁牧工作人員 　　□(7)技術工 　　□(8)機械設備操作及組裝工 　　□(9)非技術工　□(10)其他＿＿＿＿＿				
如對「個人背景資料調查表」尚有其他意見或建議事項，懇請書寫於下面。 謝謝！				
二、問題部分 (一) 就業保險 1. 您工作期間是否曾參加就業保險？ 　　□(1)有　□(2)沒有				
2. 在失業期間您是否有領失業給付？ 　　□(1)無領失業給付　□(2)已領一個月 　　□(3)已領二個月　　□(4)已領三個月 　　□(5)已領四個月　　□(6)已領五個月 　　□(7)已領六個月				

3. 請問您再度就業時是否曾領提前就業獎助 　　津貼：□(1)有領　□(2)未領			
4. 請問您是否曾參加職業訓練？ 　　□(1)有　　□(2)沒有			
（4 題填(1)者，請再填 5 題） 5. 您失業期間參加職業訓練是否曾領取職業 　　訓練生活津貼？ 　　□(1)未領　　　　　□(2)已領一個月 　　□(3)已領二個月 　　□(4)已領三個月　□(5)已領四個月 　　□(6)已領五個月　□(7)已領六個月			
6. 您失業期間是否有領取全民健康保險費補 　　助？ 　　□(1)未領　　　　　□(2)已領一個月 　　□(3)已領二個月　□(4)已領三個月 　　□(5)已領四個月 　　□(6)已領五個月□(7)已領六個月			
(二) 失業因子 1. 請問您的失業原因是： 　　□(1)自願性離職 　　□(2)非自願性離職（被資遣或解僱）			
2. 請問您的失業類型是下列哪種情況？ 　　（1 題填(2)者，請再填 2 題） 　　□(1)景氣性失業，大環境所造成而導致被資 　　　　遣或解僱 　　□(2)不會使用電腦而被排斥 　　□(3)轉業不成功，如製造業轉到服務業等 　　□(4)季節性失業如農業配合春耕、夏耘、秋 　　　　收、冬藏或建築業不景氣等的失業 　　□(5)無法與自己的專長能力、學歷、興趣等 　　　　相配合 　　□(6)經濟結構改變導致某些行業失業現象			

3. 請問您的失業最長時間是： 　□(1)一至三個月以下 　□(2)三至六個月以下 　□(3)六至九個月以下 　□(4)九個月至一年以下 　□(5)一年以上				
(三) 意願與培力 1. 請問您的失業原因是： 　□(1)自願性離職 　□(2)非自願性離職（被資遣或解僱）				
第 1 題選擇(1)者請填寫 2、3 兩題 2. 有參加職業訓練的原因是 　□(1)自願參加 　□(2)被機構選派的				
3. 您認為參加職業訓練好處有（可複選 2 個答案） 　□(1)可增加專業技能 　□(2)可增加升等機會 　□(3)可增加薪資 　□(4)可增加轉業機會				
第 1 題選擇(2)者請填寫 4、5 兩題 4. 沒有參加職業訓練的原因是 　□(1)不願參加 　□(2)對職業訓練資訊不知道				
5. 您認為不參加職業訓練是職訓不能 　□(1)增加專業技能 　□(2)增加升等機會 　□(3)增加薪資 　□(4)增加轉業機會				
6. 您是否再就業前做過就業諮商工作？ 　□(1)有　□(2)沒有				

第 6 題選擇(1)者請填寫 7 題 7. 參加就業諮商的目的在於了解 　□(1)就業心理準備狀況 　□(2)個人性向能力 　□(3)職業適應性 　□(4)就業市場求才需求 　□(5)參加職業訓練種類資格				
第 6 題選擇(2)者請填寫 8 題 8. 您不參加再就業前就業諮商是認為 　□(1)有工作就好　□(2)沒工作也沒關係				
9. 請問您就業能力應具備下列何種條件？（可 依序複選 4 個答案） 　□(1)專業知識 　□(2)專業技術 　□(3)天賦 　□(4)個人努力 　□(5)工作價值 　□(6)工作態度 　□(7)工作時間長短 　□(8)人際互動 　□(9)情緒穩定	保留	修改	刪除	修正意見
10. 您認為就業能力是靠下列何種教育方式？ 　（可依序複選 2 個答案） 　□(1)學校正規教育 　□(2)職訓局專業課程訓練 　□(3)社區大學職業訓練 　□(4)企業機構的職業訓練 　□(5)政府委託民間機構辦理的職業訓練				

(四)生活來源部分是想了解您對實際生活經濟來源，請您仔細讀每一題所提情形，您認為下列五項「從未」「偶爾」「有時」「常常」「總是」，哪一項的「□」中打∨，如您是「總是」，就在「總是」的「□」中打∨，謝謝您的合作！				
1. 您的經濟來源是由親友支持				
2. 您的經濟來源是由儲蓄及利息				
3. 您的經濟來源是投資賺取利潤				
4. 您的經濟來源是撫恤金				
5. 您的經濟來源是低收入戶生活扶助				
6. 您的經濟來源是特殊境遇婦女家庭扶助				
7. 您的經濟來源是自己固定就業收入				
8. 您的經濟來源是贍養費				
9. 您的經濟來源是子女就業所得				
10. 您的經濟來源是資源回收的收入				
11. 您的經濟來源是以工代賑收入				
12. 您的經濟來源是鄰里及社會人士捐助				
13. 您的經濟來源是由其他部分支持　　　　　　　　　　　　　　（請說明）				
(五) 職業媒合 1. 請問您的尋職頻率？ □(1)每月二次至就業服務站登記 □(2)每年一次至就業服務站登記 □(3)每年二次至就業服務站登記 □(4)每年三次至就業服務站登記 □(5)每年四次至就業服務站登記				
2. 請問您的就業安置經驗多長？ □(1)一個月至二個月以下 □(2)二個月至三個月以下 □(3)三個月至四個月以下 □(4)四個月至五個月以下 □(5)五個月至六個月以下 □(6)六個月以上				

3. 請問您曾參加下列民間機構何種職業訓練課程？（依序複選）			
□(1)保母訓練			
□(2)電腦基礎與應用訓練			
□(3)語文訓練			
□(4)文藝訓練			
□(5)科學專業訓練			
□(6)縫紉訓練			
□(7)秘書專業訓練			
□(8)保險行銷訓練			
□(9)售貨行銷訓練			
□(10)餐飲專業技術訓練			
□(11)導遊觀光訓練			
□(12)小吃班訓練課程			
□(13)飲料調製班訓練			
□(14)中西餐烹調丙級證照訓練			
□(15)烘焙丙級證照訓練			
□(16)生機餐飲訓練課程			
□(17)素食烹調訓練			
□(18)女子美容美體證照訓練			
□(19)美髮養成訓練			
□(20)美工廣告設計班訓練			
□(21)美容養成紓壓訓練			
□(22)家事管理員訓練			
□(23)冷凍空調丙級證照訓練			
□(24)平面媒體設計班訓練			
□(25)電腦化會計實務訓練			
□(26)電腦軟體實務應用訓練			
□(27)網頁設計班訓練			
□(28)其他_____			

內容			
4. 請問您在尋職時對薪資期待接受程度？ 　□(1)比失業前薪資高 　□(2)比失業前薪資低 　□(3)與失業前薪資相同			
5. 請問您參加職業訓練後對薪資的期待程度？ 　□(1)比未參訓前薪資高 　□(2)與未參訓前薪資相同			
6. 請問您對新工作內容接受度？ 　□(1)要與失業前相同 　□(2)要與失業前不同 　□(3)只要有工作就好 　□(4)新工作內容不符合自己興趣會選擇創業 　□(5)新工作內容不符合自己能力會選擇暫 　　時失業			
7. 尋職方式是想了解您找工作方式，請您仔細讀每一題所提情形，您認為下列五項「從未」「偶爾」「有時」「常常」「總是」，哪一項的「□」中打∨，如您是「總是」，就在「總是」的「□」中打∨，謝謝您的合作！			
(1)看報章雜誌廣告方式			
(2)親友介紹方式			
(3)師長介紹方式			
(4)上職業網路登記方式			
(5)到就近的就業服務站登記			
(6)參加企業界求才活動登記的			
(六) 就業服務輸送機制			
1. 您認為下列何種方式最符合您再就業的協助？ 　（可複選，依順序填 3 個答案） 　□(1)設立女性單親就業服務中心 　□(2)離家近的公立就業服務站 　□(3)離家近的民間訓練機構 　□(4)離家近的社區服務中心 　□(5)離家近的企業訓練中心 　□(6)各行政區所設的婦女服務中心 　□(7)各區公所民政課附設就業服務項目			

2. 您認為下列何種方式對您能早日進入職場？ （可複選 2 個答案） 　□(1)就業登記機構設有就業諮商服務協助 　□(2)就業登記機構設有就業個案管理員協助 　□(3)就業登記機構設有義工協助 　□(4)就業登記機構設有全程就業電腦配對 　　　設備 　□(5)就業登記機構設有求才企業機構即時 　　　面談項目			
3. 您認為下列時間完成再就業手續最適合？ 　□(1)一日　　□(2)三日 　□(3)一星期　□(4)二星期 　□(5)一個月　□(6)其他_____（請說明）			
4. 您認為下列安置就業時間最恰當？ 　□(1)一星期　□(2)二星期 □(3)三星期 　□(4)一個月　□(5)二個月 　□(6)其他_____（請說明）			
5. 您認為下列何種條件最符合創業方式？ 　（可複選 2 個答案） 　□(1)有特殊專業技術　　□(2)有豐富資金 　□(3)可貸款且利率低 　□(4)有改變傳統產業之創新能力 　□(5)有諮詢創業團隊指導			
6. 經驗與同意程度是想了解您對求職經驗過程與看法，請您仔細讀每一題所提情形，您認為下列經驗中「是」「否」，及同意程度「非常不同意」「不同意」「普通」「同意」「非常同意」，哪一項的「□」中打∨，如您的經驗「是」及「同意」，就在「是」及「同意」的「□」中打∨，謝謝您的合作！			
(1)到就業服務站求職登記登記表簡單明瞭			
(2)遇有就業職缺與自己教育程度合適就有 　工作機會			
(3)薪資低原因是無全時工作			
(4)目前沒有工作是復職困難			
(5)有尋職但無工作機會			

(6)有就業保險不必急著找工作				
(7)一年以上之失業時間後不想再找工作				
(8)有政府生活補助津貼不必找工作				
(9)工作薪資低且不穩定而不願去工作				
(10)採部分時間工作可幫助收入並兼顧家庭				
(11)參加政府低率貸款創業最適合提高就業機會				
(12)參加職業訓練對您的找工作有幫助				
(七) 工作價值				
1. 您認為下列就業工作的價值最符合自己的想法？（可複選 3 個答案） 　　□(1)學習成長 　　□(2)自我實現 　　□(3)生活有尊嚴 　　□(4)可獲得良好的社會互動 　　□(5)可獲得安全保障及經濟報酬 　　□(6)免於生活焦慮 　　□(7)是一種休閒娛樂				
2. 工作價值重要性部分是了解您對工作價值的看法，請您仔細讀每一題所提情形，您認為「非常不同意」「不同意」「普通」「同意」「非常同意」，哪一項的「□」中打 ∨，如您覺得「同意」，就在「同意」的「□」中打 ∨，謝謝您的合作！				
學習成長取向				
(1)能在工作中不斷獲得新知識和技術				
(2)在工作中能有充分進修機會				
(3)能在工作中開創自己的工作生涯				
(4)能在工作中突破障礙				
(5)能在工作中獲得升遷的機會				
自我實現取向				
(6)工作能學以致用				
(7)從事符合自己興趣的工作				
(8)在工作中能實現自己的人生理想				

(9)在工作中能達成自己的工作目標				
(10)經由工作而提昇自己的生活品質				
(11)能為社會做些有意義的工作				
尊嚴取向				
(12)能在工作中獲得解決問題的能力				
(13)能在工作中獲得自信與別人的肯定				
(14)工作時能獲得別人的尊重				
(15)工作時能對團體發揮影響力				
(16)從事的工作能獲得家人的支持				
社會互動取向				
(17)同事間能相互照顧彼此關懷				
(18)同事間能愉快完成一件事				
(19)工作時上司能尊重自己的意見				
(20)因工作表現良好受到賞識和讚許				
(21)同事間不會因個人利益而勾心鬥角				
組織安全與經濟取向				
(22)能從事有保障的工作				
(23)能在工作中獲得公平待遇				
(24)公司的薪資與績效獎金分配合理				
(25)符合勞動基準退休資格者能獲得公司發放退休金				
(26)能避免具有危險性及高度危險的工作				
安定免於焦慮與休閒				
(27)工作時間能充分配合生活作息				
(28)工作時不必經常加班				
(29)工作時不會對未來的前途感到恐懼				
(30)能有較長時間從事戶外休閒活動				
(31)工作時間彈性較大能安排自己的生活				

附錄七　訪問台北市單親家庭機構主管大綱

(一) 請問在您服務的個案經驗裡，接受服務對象中，以何種年齡層為最多？

(二) 請問個管的個案中其經濟地位如何？是中下為多？其需求是親職團體的情緒社會支持團體？經濟扶助及就業需求？健康醫療需求？法律需求？您會以何種需求為優先？

(三) 請問在進入貴單位服務系統裡，大約要符合哪些程序？約多久才會脫離服務體系？結案後是否做追蹤的調查？

(四) 服務的品質，貴單位以何種指標來評估？符合案主需求？不分地點、種族、性別、信仰及個人支付能力的差異都可接受服務？服務對象的滿意度？我們的服務是否有效解決或紓緩她們的困境？服務的消費者、提出者、納稅者都能適當的滿足？執行服務方案所使用的各項資源是否足以達成方案原始的目標？

(五) 您是否常運用組織之間的關係（或個人關係）來協助案主需求的資源？在何種情況之下運用？

(六) 依目前特殊境遇扶助條例的規定，是以生育子女來限制資格，不知是否有未婚者（單身未育子女）來求助？

(七) 是否有個案的生活狀況很差，而貴單位建議她參加第二代脫貧政策方案？

(八) 服務過程中，是否有遇到專業規範（社工員的價值與倫理）困境？可否舉一個例子說明之？

(九) 服務過程中，在何種情形下公部門對私部門的態度是採夥伴關係？

國家圖書館出版品預行編目

女性單親家庭就業培力與服務輸送機制之研究：
以台北市為例 / 黃秀香著 , -- 一版. -- 臺
北市 : 秀威資訊科技, 2006[民95]
　面；　公分 . -- (學術著作系列；AF0059
實踐大學數位出版合作系列)
　參考書目：面
　ISBN　978-986-6909-14-6 (平裝)
　1. 單親家庭　2. 婦女　3. 就業

544.1　　　　　　　　　　　　　95022642

實踐大學數位出版合作系列
社會科學類　AF0059

女性單親家庭就業培力與服務輸送機制之研究 ——以台北市為例

作　　者	黃秀香
統籌策劃	葉立誠
文字編輯	王雯珊
視覺設計	賴怡勳
執行編輯	賴敬暉
圖文排版	黃莉珊
數位轉譯	徐真玉　沈裕閔
圖書銷售	林怡君
網路服務	徐國晉
法律顧問	毛國樑律師
發 行 人	宋政坤
出版印製	秀威資訊科技股份有限公司
	台北市內湖區瑞光路583巷25號1樓
	電話：(02) 2657-9211
	傳真：(02) 2657-9106
	E-mail：service@showwe.com.tw
經 銷 商	紅螞蟻圖書有限公司
	台北市內湖區舊宗路二段121巷28、32號4樓
	電話：(02) 2795-3656
	傳真：(02) 2795-4100
	http://www.e-redant.com

2006 年 11 月
BOD 一版
定價：340元

讀　者　回　函　卡

感謝您購買本書，為提升服務品質，煩請填寫以下問卷，收到您的寶貴意見後，我們會仔細收藏記錄並回贈紀念品，謝謝！

1. 您購買的書名：＿＿＿＿＿＿＿＿＿＿＿＿＿＿＿

2. 您從何得知本書的消息？

　　□網路書店　　□部落格　　□資料庫搜尋　　□書訊　　□電子報　　□書店

　　□平面媒體　　□ 朋友推薦　　□網站推薦 □其他＿＿＿＿＿＿

3. 您對本書的評價：(請填代號　1.非常滿意 2.滿意 3.尚可 4.再改進)

　　封面設計＿＿　　版面編排＿＿　　內容＿＿　　文/譯筆＿＿　　價格＿＿

4. 讀完書後您覺得：

　　□很有收獲　　□有收獲　　□收獲不多　　□沒收獲

5. 您會推薦本書給朋友嗎？

　　□會　　□不會，為什麼？＿＿＿＿＿＿＿＿＿＿＿＿＿＿＿＿＿＿

6. 其他寶貴的意見：＿＿＿＿＿＿＿＿＿＿＿＿＿＿＿＿＿＿

　　＿＿＿＿＿＿＿＿＿＿＿＿＿＿＿＿＿＿＿＿＿＿＿＿＿＿

　　＿＿＿＿＿＿＿＿＿＿＿＿＿＿＿＿＿＿＿＿＿＿＿＿＿＿

　　＿＿＿＿＿＿＿＿＿＿＿＿＿＿＿＿＿＿＿＿＿＿＿＿＿＿

讀者基本資料

姓名：＿＿＿＿＿＿＿＿＿　年齡：＿＿＿　性別：□女 □男

聯絡電話：＿＿＿＿＿＿＿　E-mail：＿＿＿＿＿＿＿＿＿

地址：＿＿＿＿＿＿＿＿＿＿＿＿＿＿＿＿＿＿＿＿＿＿＿

學歷：□高中(含)以下　　□高中　　□專科學校　　□大學

　　　□研究所(含)以上 □其他＿＿＿＿＿＿＿＿

職業：□製造業 □金融業 □資訊業 □軍警 □傳播業 □自由業

　　　□服務業 □公務員 □教職　　□學生 □其他＿＿＿＿＿